Edmond DRUELLE

Médecin de la Santé

OFFICIER D'ACADÉMIE

Le Service Sanitaire
Maritime à Marseille

DE SA FONDATION A NOS JOURS

PRÉFACE

DU DOCTEUR G. RIBOT

Chevalier de la Légion d'Honneur

DIRECTEUR DE LA 6ᵉ CIRCONSCRIPTION MARITIME A MARSEILLE

MARSEILLE

IMPRIMERIE MARSEILLAISE

Rue Sainte, 39

1923

Prix : 8 Fr.

Le Service Sanitaire Maritime à Marseille

DE SA FONDATION A NOS JOURS

DU MÊME AUTEUR :

Notes pour servir à l'Histoire de la Pilocarpine.

Un Bureau Municipal d'Hygiène à Roubaix (Nord).

Soins à donner aux malades et aux blessés en attendant l'arrivée du médecin.

Modèle de Carnet sanitaire individuel.

Edmond DRUELLE

Médecin de la Santé

Officier d'Académie

Le Service Sanitaire Maritime à Marseille

DE SA FONDATION A NOS JOURS

PRÉFACE

DU DOCTEUR G. RIBOT

Chevalier de la Légion d'Honneur

Directeur de la 6ᵉ Circonscription Maritime a Marseille

MARSEILLE

IMPRIMERIE MARSEILLAISE

Rue Sainte, 39

1923

Prix : 8 Fr.

NOTES DE L'AUTEUR

Beaucoup de nos compatriotes ignorent, non seulement l'existence du service sanitaire maritime, dénommé *Service* de la *Santé*, mais, à plus forte raison, son fonctionnement et les services qu'il rend journellement pour sauvegarder la santé publique.

Le rôle du service de la Santé consiste à empêcher l'entrée et la propagation sur notre territoire, non seulement des maladies pestilentielles exotiques telles que le Choléra, la Peste, la Fièvre jaune, mais encore les maladies épidémiques et contagieuses telles que le Typhus exanthématique, la Variole, la Fièvre typhoïde, etc.

Malgré les grands services qu'il rend journellement au pays, à part nos navigateurs et le petit nombre relatif de nos concitoyens qui voyagent sur mer, le Service Sanitaire maritime est ignoré par beaucoup, voire même par la plupart des habitants de nos villes maritimes. Il est vrai que le personnel qui, en France a pour tâche de sauvegarder la santé publique, en évitant l'entrée et la propagation des maladies citées plus haut, est des plus restreint : quelques médecins, quelques officiers, quelques gardes : en tout *106* personnes, auxquelles il faut ajouter quelques agents du service des douanes.

C'est donc, dans le but de faire connaître à tous et dans toutes les classes de la société, l'existence et l'utilité du *Service* de la *Santé* que je me suis imposé ce travail : Service de la Santé qui n'est pas sans créer parfois de grandes difficultés à ceux qui ont charge de sauvegarder la santé publique tout en protégeant, autant que faire se peut, les intérêts du commerce et ceux des compagnies de navigation.

Malheureusement notre service n'est pas assez pris en considération par le public. Cependant quand on pense que, pour une faiblessse dans l'application des règlements actuellement en vigueur, des cas de maladies épidémiques et contagieuses peuvent pénétrer sur notre sol et donner lieu à des foyers qui peuvent donner naissance à de grandes épidémies, toutes les considérations de second ordre devraient être écartées et les règlements pouvoir s'appliquer sans aucunes récriminations. Les compagnies ne voient que leurs intérêts ; les voyageurs : leurs satisfactions personnelles, aussi la tâche des fonctionnaires de la Santé : Directeur, médecins, officiers, devient-elle, de jour en jour, plus difficile.

Avant d'entreprendre l'étude du fonctionnement du Service Sanitaire maritime qui fait l'objet de ce livre, je tiens à exprimer toute ma gratitude à tous ceux qui ont bien voulu m'aider dans l'exécution de ce travail : *Médecins et Fonctionnaires de la Santé ; Directeurs des Circonscriptions Maritimes* de France, d'Algérie, de Tunisie et des ports étrangers ; *Médecins-Chefs* des Compagnies de navigation et *Médecins naviguants* dont les lecteurs trouveront les noms au cours de cette étude. Et, sans vouloir faire revivre le *Service* de la *Santé*, avec ses exigences et ses longues quarantaines des anciens temps, puisse ce travail édifier mes lecteurs sur l'importance de ce service au point de vue de la santé publique et attirer un peu leur attention sur le dévouement de ses fonctionnaires (médecins, officiers, gardes) aux prises chaque jour avec la maladie et les difficultés d'un service, en général, mal accepté.

E. DRUELLE.

PRÉFACE

Le livre de M. Druelle paraît, à son heure, au moment du centenaire de Pasteur dont les découvertes immortelles ont précisé la prophylaxie des maladies épidémiques importées par voie de mer.

Les mesures quarantenaires vexatoires et onéreuses ont fait place à des procédés sûrs et rapides pour la destruction des germes morbides.

Les agents chimiques nous ont fourni aussi de puissants moyens de désinfection et de destruction des rongeurs et des parasites, car les services sanitaires ne doivent pas seulement détruire les microbes, causes des maladies, mais aussi les vecteurs animés, notamment pour la peste : les rats et leurs puces ; pour le choléra : les mouches ; pour la fièvre jaune : les moustiques ; pour le typhus : les poux.

Quinze ans après la publication de l'ouvrage de M. l'Inspecteur général, docteur Faivre, sur la prophylaxie sanitaire nationale et internationale, il a paru nécessaire de présenter au public une vue d'ensemble sur le fonctionnement du Service Sanitaire Maritime.

Le travail de M. Druelle constitue une mise au point d'une haute portée pratique et scientifique faisant connaître un côté un peu ignoré de l'admirable profession médicale.

Les étudiants en médecine maritime et coloniale, les futurs médecins sanitaires y puiseront des enseignements utiles pour leurs examens et les connaissances administratives que l'on exige d'eux.

Les personnes qui s'occupent de questions économiques et d'intérêt général y trouveront des indications précieuses sur la défense contre les maladies. En effet, les épidémies ont sur le Commerce une répercussion si grave que le public a intérêt à connaître le double but de nos fonctions : diminuer dans les limites du possible les entraves imposées au Commerce et à la Navigation ; sauvegarder, d'une manière complète, les intérêts supérieurs de la santé publique.

La partie historique de l'ouvrage de M. Druelle n'a pas été négligée. Dans cette ville où le culte du passé est l'objet d'un soin jaloux, les amis du vieux Marseille liront avec plaisir des appréciations intéressantes sur la navigation et sur la santé maritime.

Les chapitres sur les fonctionnements des Services sanitaires maritimes de France et d'Algérie, sur les conférences sanitaires internationales, sur Marseille, le Frioul, les ports étrangers retiendront l'attention du lecteur.

Au point de vue professionnel les questions de dératisation et de désinfection sont exposées d'une façon claire et précise, mais il convient d'ajouter une note spéciale en ce qui concerne la dératisation de·la ville, du port et des quais qui complète la dératisation des navires confiée au Service Sanitaire Maritime.

En effet, un décret du 22 septembre 1922, considérant le directeur de la 6e circonscription sanitaire maritime de Marseille comme Chef du Service de la dératisation de la ville, « consacre, « pour ce grand port, écrit le docteur Reynaud, Inspecteur des « Services d'hygiène publique de l'Algérie, l'organisation qui « confie à la santé maritime le soin de procéder à la dératisation « et à l'examen bactériologique des rongeurs, non seulement sur « les navires et les quais, mais aussi dans la ville même.

« On a ainsi, une unité d'action sur tout ce qui concerne la pro« phylaxie de la peste ; il n'était pas rationnel que le Service Sani« taire Maritime puisse se désintéresser d'un rat échappé d'un « navire et ayant abordé ».

Les services urbains de la dératisation tirent leur importance du fait qu'on ne peut pas se fier d'une façon absolue aux mesures prophylactiques empêchant le passage à terre des rongeurs de navires, car les rats échappent en partie aux contrôles les plus rigoureux ; aussi la prophylaxie doit être énergiquement maintenue à terre où le commencement de la contamination découvert à temps permet de mettre en œuvre les mesures d'hygiène et de vaccination.

M. Druelle a eu l'heureuse idée d'ajouter à son étude un important chapitre sur la sécurité et l'hygiène de la navigation qui relève plutôt de l'Inscription maritime. Les prescriptions légales sur l'hygiène et la sécurité de la navigation ont apporté à la prophylaxie sanitaire une aide certaine et la marine marchande française est actuellement en avance, à ce point de vue, sur la législation sanitaire du territoire.

Le citoyen français à terre peut s'alimenter, se loger à sa guise ; à bord, au contraire le cubage, l'aération, la surface des locaux, l'alimentation, l'évacuation de l'air vicié et des nuisances sont règlementés avec une précision que nous regrettons de ne pas voir aussi souvent dans les villes et dans les campagnes.

L'Administration sanitaire apporte à l'Inscription maritime sa collaboration dans l'application des règlements pour les visites de mise en service des navires, et les visites de coffres à médicaments.

La législation dont parle M. Druelle a donné à la marine française une sécurité sanitaire indiscutable et nous voudrions voir l'Administration de l'Inscription maritime et de la Marine marchande faire appel plus souvent, pour les services de contrôle médical, au personnel sanitaire qui n'a cessé de lui apporter, malgré une rémunération insuffisante, un concours incessant dans l'application de la loi du 17 avril 1907.

Nous souhaitons cette union indispensable pour les Services Sanitaires Maritimes, pour les médecins des bords, pour les services médicaux de la Marine marchande parce qu'elle serait féconde en résultats.

M. Druelle a exposé dans un chapitre spécial le rôle et les fonctions des médecins sanitaires maritimes à bord.

Les avantages que l'on devrait donner au corps si méritant des médecins navigants sont publiés dans un ouvrage La Médecine à Bord paru il y a quelques années sous la signature d'un de nos excellents confrères le docteur Franck Clair.

Le chapitre 12 contient des appréciations intéressantes, et tout à fait d'actualité, sur le rôle sanitaire de la Société des Nations.

Enfin les médecins et agents sanitaires à bord et à terre trouveront au chapitre 13 des indications précises sur le rôle qu'ils ont à remplir dans la défense contre les maladies épidémiques.

Après la lecture de l'ouvrage de M. Druelle il sera possible de tirer l'enseignement que conseille le docteur Pottevin, sénateur, dans son étude documentée parue en 1922 dans la Revue d'Hygiène :

« Les mesures sanitaires prises aux frontières maritimes ou ter-
« restres ont certainement pour effet de diminuer le danger de pro-
« pagation des maladies pestilentielles, mais elles sont très loin de
« le supprimer.

« La véritable sécurité réside pour un pays dans ce qu'il fait à
« titre permanent pour assainir son territoire de façon que l'infec-
« tion n'y trouve pas de facilité, pour entretenir des services pro-
« phylactiques prêts à la circonscrire et à l'étouffer aussitôt qu'elle
« a fait son apparition ».

Puisse le livre de M. Druelle ouvrir la voie à l'interpénétration si désirable des services d'hygiène gouvernementaux, départementaux et communaux, mais « ceci, dirait R. Kipling, est une autre histoire ! »

En résumé, le travail du médecin de la Santé de Marseille est une bonne action ; il fait connaître d'une façon simple, sans vanité, les efforts faits dans les ports, par le personnel du Service Sanitaire Maritime pour la protection du territoire national et aussi pour la défense de cette belle cité phocéenne qui n'a pas besoin d'être réhabilitée parce que son état sanitaire peut être aujourd'hui victorieusement comparé à celui de bien d'autres capitales pourtant très vantées.

Marseille, le 19 mars 1923

RIBOT

CHAPITRE I

NOTES BREVES SUR L'EVOLUTION DE LA NAVIGATION

Avant d'entreprendre l'étude du service sanitaire maritime, il m'a paru intéressant, pour mes lecteurs, de leur donner un aperçu de l'évolution de la navigation depuis les temps les plus reculés jusqu'à nos jours.

C'est dans l'opuscule publié, à l'occasion de l'Exposition coloniale de Marseille de 1922, par M. l'abbé Rochu, officier d'académie, sous le titre : *L'Art Naval* que j'ai pu recueillir les enseignements qui vont suivre :

Période initiale. — Le bateau ne connaît pas d'inventeur ni de constructeur ; il a été la résultante d'efforts individuels et collectifs qui, insensiblement mais graduellement, l'ont amené de la période fruste et initiale aux résultats merveilleux de nos jours.

L'on fit d'abord usage d'un tronc d'arbre *unique* et plus tard on essaya de lier plusieurs troncs ensemble pour en faire un radeau.

Entre le tronc flottant et le navire le plus complet ont existées toutes les formes intermédiaires, dont la plupart se retrouvent encore de nos jours.

D'après l'abbé Mangenot (dictionnaire de la Bible), le premier constructeur de bateau fut *Noé*.

L'arche de *Noé* n'était pas un vaisseau proprement dit, muni de mâts, de voiles, d'avirons, c'était plutôt une sorte de coffre, une énorme caisse flottante sans quille et à fond plat.

Un riche marchand hollandais, Pierre Jansen, construisit en 1604 à Horn, un bâtiment de mêmes proportions que l'arche, quoique plus petit et il constata que, s'il n'était pas apte aux voyages de long cours et à une marche rapide, il était très commode pour le frêt.

Période Phénicienne. — Les Phéniciens possédaient plusieurs genres de bateaux et paraissent avoir eu des navires de guerre plus caractérisés. Ceux-ci étaient longs et étroits, en vue d'une course rapide ; les autres, au contraire, étaient courts et larges en vue d'une grande capacité.

Les données concernant les navires phéniciens primitifs ne sont pas nombreuses.

La reproduction la plus ancienne est celle qui figure dans l'œuvre de Lazard ; c'est un dessin exécuté d'après un bas-relief conservé au palais de Sermacherib (700 av. J.-C.).

Les Phéniciens ont exercé une grande influence sur l'art de construire les navires tel qu'il était pratiqué dans la Méditerranée. Cette influence se fait sentir surtout dans les colonies qu'ils ont fondées.

Période Égyptienne. - Les Egyptiens n'étaient pas un peuple de marins.

Au début ils ne naviguaient que sur le Nil.

Ce n'est que plus tard qu'ils se sont aventurés sur mer, précédés et aidés par les Phéniciens.

L'on distinguait chez les Egyptiens des bateaux de transport, des remorqueurs et des bateaux de pêche.

Les bateaux de plaisance et les bateaux de voyage des grands personnages formaient une flotille importante.

Les bateaux égyptiens étaient généralement plats ; les rames succédèrent à la pagaie comme moyen de propulsion.

Sous l'ancien empire (3.000 à 2.000 avant J.-C.) la voile fit son apparition à côté de la rame.

Le mât placé au milieu du bateau se composait de deux poteaux disposés en travers et réunis par un lien au sommet. La voile de forme rectangulaire était toujours comprise entre deux vergues dont l'une la soutenait dans le haut et l'autre dans le bas, méthode suivie exclusivement en Egypte.

Sous le moyen empire, l'art de construire les bateaux fit d'importants progrès. Les rames de direction, difficiles à manier, furent remplacées par un grand gouvernail qui était manœuvré par un seul homme.

En ce qui concerne les dimensions qu'avaient les bateaux des Egyptiens *Jal* cite quelques chiffres dans son ouvrage : (Archéologie navale). D'après lui les plus grands bateaux égyptiens n'ont pas eu plus de *trente-neuf* mètres de longueur ni plus de *cinq mètres vingt* de largeur.

Pour la vitesse des navires, le même auteur dit qu'elle était de *neuf* kilomètres à l'heure. Afin de modérer la marche dans les rapides des fleuves, on attachait au bateau une corde dont le bout était retenu par un bloc de pierre. Bien que les Egyptiens n'aient pas connu *l'ancre*, il faut reconnaître qu'ils en ont été en quelque sorte les inventeurs. De ce qui précède il résulte que le bateau égyptien n'était pas un bâtiment de mer mais un bateau *fluvial* ordinaire. Les bateaux qui trafiquaient dans le pays de *Lunt* le long de la mer Rouge ne sortaient pas de cette forme.

Lorsque le roi *Néchao*, qui encouragea le commerce, sentit la nécessité de posséder une flotte, il s'adressa à des Grecs pour des navires de mer. Pour les grandes expéditions maritimes on employa des *Phéniciens* et non des *Egyptiens*.

Période Gréco-Romaine. — Au cours de cette période, les bateaux anciens avaient des dimensions relativement réduites.

Les navires à rames grecs avaient une largeur moindre que les galères du *Moyen-Age* ; ils avaient peu de largeur par rapport à longueur, ce qui augmentait leur degré de mobilité.

A côté des navires de guerre, plus mobiles et plus légers, les Grecs disposaient de navires marchands, plus courts, plus larges, pour recevoir les marchandises.

Plus tard, lorsque la puissance de Rome se fut développée, que la population eut augmentée et que l'importation des blés et autres denrées alimentaires devint de plus en plus utile et dût se faire rapidement, on utilisa comme bateau marchand, non seulement le bateau à forme trapue mais aussi le navire à rames. Le bateau des anciens ne contenaient que fort peu de places pour les victuailles.

On avait soin d'attérir chaque soir ; cela explique que les combats navals avaient lieu, le plus souvent, sur les côtes.

L'espace dont on disposait à bord était si restreint que, lorsqu'il n'était pas possible de débarquer la nuit, les rameurs ne pouvaient dormir que par séries.

On ignore l'époque précise à laquelle l'ancien mode de propulsion à rames, manœuvrées chacune par un seul homme, fit place au système dans lequel de lourds avirons étaient maniés par plusieurs rameurs.

Les navires à rames dont la poupe avait une forme arrondie au niveau de flottaison, étaient munis à l'avant d'un *éperon* qui servait à crouler les vaisseaux ennemis et à briser leurs rames. Une forte pièce de bois, armée d'un bélier, empêchait l'éperon de pencher trop en avant dans les flancs du navire qu'il attaquait. Cet élément était l'emblème de la force et devait inspirer la terreur. L'histoire nous apprend que *César* gagna la mer avec une flotte, *trente jours* après la coupe du bois qui devait servir à la construire. La construction rapide de la flotte en question nous fournit une preuve de plus en faveur de la thèse relative aux dimensions réduites des navires.

La ville de *Phocée* devint la plus grande puissance maritime et commerciale de l'Occident.

Les Phocéens songèrent à fonder des colonies : Nice, Antibes, Rhodomisia, Agde, Rosas, Ampirias qui servaient à la fois d'abris pour les pêcheurs et de points d'observations contre les ennemis et les brigands de la mer.

Tout ceci ne put s'accomplir sans une puissance maritime de premier ordre.

Autour de son port du *Lacydon*, dans le bas de ses collines, s'étendaient de vastes chantiers de construction.

Les forêts du pays Arlésien dit Strabon fournissaient une ample matière aux armateurs. Marseille tenait toujours des galères en état de prendre la mer.

Période Moyenageuse. — A cette époque, les avirons, manœuvrés jusque là par un seul homme, selon le système primitif, font place à une série unique de lourdes rames maniées chacune par plusieurs rameurs.

Au XIIe siècle, le gouvernail fut inventé. Son apparition conduit à modifier la poupe du bateau.

Les croisades (1096 à 1291) ont eu une grande répercussion sur l'évolution de la navigation : Venise devint le centre du progrès et Gênes suivit bientôt.

L'empereur *Léon* publia plusieurs édits relatifs à la construction des bateaux. Ces édits étaient *simples* mais *formels*.

On ne fut pas libre de construire des bateaux à sa guise ; il fallait observer les règles édictées au sujet de la forme des navires qui devaient être en rapport avec la capacité et les voyages à effectuer.

Chez tous les peuples, il est à noter que ce sont les marins et en particulier les pêcheurs qui ont le mieux conservé leur caractère ancien et modifié le moins leurs mœurs et leurs coutumes. Beaucoup de pêcheurs se sont tenus aux formes anciennes.

Quelques détails sur les Galères. — *Les galères étaient longues et étroites et émergeaient très peu hors de l'eau. Le navire s'amincissait vers l'avant et vers l'arrière ; le pont s'étendait sur toute sa longueur. Vers le milieu se dressait la* Corsia *: passerelle de garde dans laquelle s'emboîtaient les bancs des rameurs. Les rames réparties en une seule série étaient manœuvrées par quatre ou cinq hommes qui se levaient pour les manier et retombaient sur leurs bancs pour fendre les flots.*

Les rameurs étaient complètement nus pour effectuer ce travail. Un homme d'une force moyenne résistait généralement pendant une heure et cependant ce travail a dû se poursuivre parfois pendant douze heures consécutives en temps de guerre.

Si l'on songe, que ces hommes étaient exposés aux intempéries de l'air et au feu de l'ennemi, quelles ne furent pas leurs souffrances !

Pour fortifier les rameurs à l'œuvre, on leur mettait à la bouche du pain trempé dans du vin ; s'ils tombaient épuisés, ils étaient impitoyablement flagellés par un gardien circulant sur la passerelle et s'ils ne se levaient plus, c'était la mort qui les attendait : on les jetait par-dessus bord.

Si l'on considère en outre que les rameurs étaient rivés au navire avec des fers qu'on ne leur enlevait que rarement et que généralement ils vivaient et mouraient sur leur banc, on comprendra que les galères aient été une terreur et une honte pour les marins.

Les rameurs n'étaient cependant pas égaux ; ils comprenaient trois classes distinctes :

1° Les forçats dont les cheveux et la barbe étaient rasés ;

2° Les esclaves parmi lesquels des Turcs, des Nègres ou des Maures (ces derniers étaient réputés comme les meilleurs rameurs.) Le signe distinctif de cette catégorie était une touffe de cheveux sur la tête ;

3° Les bénévoles ou volontaires parmi lesquels : des forçats libérés qui ne parvenaient pas à se caser et cherchaient un refuge sur les galères ainsi que des bandits et autres sujets qui n'avaient plus de quoi vivre.

L'habillement des rameurs était fort simple ; ils recevaient chaque année : deux chemises, deux paires de culottes, un veston de drap rouge, un caban pour l'hiver, une toque rouge et deux couvertures par banc de rameurs.

Leur nourriture était rationnée ; mais ils pouvaient en acheter en cas d'insuffisance. L'armement des galères était simple : à l'avant se dressait trois canons dont le principal était celui du milieu installé dans l'axe longitudinal du navire.

Ces navires portaient deux mâts : l'un à l'avant, l'autre vers le milieu de l'embarcation et tous deux étaient munis de voiles latines que l'on carguait pendant le combat.

C'est durant cette époque du moyen-âge qu'on vit l'invention de la boussole qui fut le signal de l'abandon du cabotage et permit d'entreprendre des expéditions plus lointaines. L'emploi de la boussole était généralisé vers 1440. Puis ce fut l'invention de la poudre à canon et delà l'emploi de l'artillerie.

On finit par construire des vaisseaux destinés exclusivement à la guerre et par suite on abandonna la pratique du moyen-âge qui consistait à utiliser les bateaux marchands à cet effet.

PÉRIODE MODERNE (1517-1806). — La découverte de l'Amérique qui eut lieu pendant cette période eut un grand retentissement sur l'évolution de la navigation.

La soif de l'or poussa les peuples du Nord-Ouest de l'Europe à s'aventurer sur mer et les obligea à s'occuper plus activement des constructions navales de grandes dimensions.

Les *Pays-Bas* prennent alors un essor considérable ; les proportions de leurs navires croissent de façon notable.

Après 1500, l'architecture navale prend un développement tel que les *Pays-Bas* deviennent le chantier de l'Europe. C'est alors qu'on voit en effet les formes du château (1) se préciser. Le bâtiment du XVIᵉ siècle est sorti graduellement des formes anciennes.

Ce fut dans le cours de siècle (1646) qu'on construisit en Angleterre la première *frégate* et en 1679 on y adapta la bombarde conforme au modèle inventé par le constructeur français Bernard Renan.

La France, de son côté, dont les vaisseaux jusqu'alors n'avaient fait leur apparition que sur la Méditerranée, se mit à développer sa marine.

Les plus anciens navires français étaient en principe entièrement semblables à ceux de Gênes et jusque vers 1650 le nombre des galères l'emporta sur celui des autres embarcations.

En 1668 la flotte *française* comptait déjà 176 unités dont un des plus beaux spécimens fut le *Soleil Royal*.

L'évolution du navire nous conduit alors à la Pinasse du XVIIIᵉ siècle. Le navire est alors richement orné et pavoisé, ses voiles selon l'usage portent de belles peintures. Puis cette coutume disparaît insensiblement à la fin de ce siècle ; mais, on en continue pas moins, encore bien longtemps, à orner les navires.

PÉRIODE CONTEMPORAINE (1800 à 1922). — Après 1800, l'Angleterre devança ses rivales.

____

(1) *Le château d'un navire est constitué par l'ensemble des superstructures qui occupent le milieu du bateau.*

De nombreux perfectionnement se sont réalisés sous l'influence de ce pays.

C'est dans la première moitié du XIXe siècle que la navigation à vapeur fait son apparition en Hollande et ailleurs.

L'adoption du fer pour la charpente des bateaux amena également de grands changements.

Et, aujourd'hui, nul n'ignore tous les progrès qui ont été réalisés, dans toutes les nations, tant au point de vue du mode de propulsion qu'au point de vue de la construction et du confort moderne des nombreux navires qui sillonnent les mers.

CHAPITRE II

LE SERVICE SANITAIRE MARITIME A MARSEILLE

HISTORIQUE

Le Service Sanitaire Maritime si important pour la protection du territoire contre l'introduction des maladies pestilentielles ne fut pas toujours dirigé par l'Etat.

Il incombait autrefois, aux Intendants maritimes qui, de concert avec les échevins de la cité prenaient toutes les dispositions utiles à la sauvegarde de la santé publique.

La Révolution, ne pouvant détruire l'insitution, modifia du moins l'appellation des *Intendants sanitaires* qui devinrent des *Conservateurs de la Santé.*

Des taxes étaient perçues dont le montant servait à assurer le bon fonctionnement de la charge que ces officiers exerçaient sous le contrôle effectif du Gouvernement royal.

Les plus anciens documents que possèdent les archives de la Santé de Marseille concernant les quarantaines maritimes remontent à l'année 1622.

Ce sont des extraits des registres du Parlement insérés dans le grand livre A, page 92. Les deux premiers extraits qui font connaître les conditions dans lesquelles étaient appliquées les mesures sanitaires à cette époque sont les suivants :

I. — *La Cour, provoyant sur la réquisition verbalement faicte par le Procureur général du Roy a ordonné et ordonne que tous patrons et mariniers conduizants vaisseaux ou barques venant des parties du Levant ou Barbarie et Midy, prendront port et feront descentes ès villes et ports de Marseille ou Thollon respectivement où ils feront voir leurs patentes de santé et après icelles avoir été vues et visées auront entrés par toutes les villes et lieux de cette province, a faict et faicte inhibition et deffances aus dits patrons et mariniers de descendre ny prendre port en autre port ny descharger aucuns mariniers ny marchandises en autres ports de la dite province à paine de la vie et de dix mil livres d'amende et Guasquy commandant de la forteresse de Brigançon, consuls de Saint-Tropès, Antibes, Iyères et autres de la dite province et de donner ny passagers que les dites patentes de santé ne soint été au préalable vues au dit Marseille ou Thollon : Et ce jusques à ce que autrement soit ordonné à peine de dix mil livres et de rispondre en leur propre de tous les inconvenients que pourraient arriver.*

Faict à Aix, en Parlement et publié à la Barre le dixié janvier mil six cens vingt deux.

II. — *La Cour, prévoyant sur la réquisition verballement faicte par le Procureur du Roy, a fait et faicte inhibition et deffances à toutes personnes de quelques estat, qualité et condition qu'il soint renant des parties du Levant ou de Barbarie de Midy, prandre à aucunes villes ou lieux de la coste de ceste province quils nayent faict voir leurs patentes de santé et passeports aux Consuls et Intendans la ville de Marseille ny prandre quarantaine et autres ports qu'aux Isles du dit Marseille et aux endroits que leur sont establis par les dits Consuls et Intandans de la santé de la ditte ville et aux Officiers et Consuls des dittes villes et lieux, les recevoir à paine de la vie.*

Ordonne que les Consuls d'Antibes métront et stabliront de bonnes et sévères gardes à ceux qu'ils ont reçus a faire quarantaine et prendront garde que leurs marchandises et ardes soint puriffiées et que personne ne se mesle avec eux à peine d'en rispondre en leur propre et privé non des inconvéniens que pourraient arrivés.

Enjoinct néansmoins aus dits Consuls et Intendans du dit Marseille, de tenir la main à l'exécution du présent Arret, duquel extraicts seront expédiés au dit Procureur général pour etre envoyés à tous les sièges de l'admirauté et ville principalle de la coste de la dite province pour y être lus, publiés, gardés et observés eclon sa forme et teneur.

Fait à Aix en Parlement le septie may mil six cens vingt deux.

En vertu de ces ordonnances, il n'y avait que deux ports français, Marseille et Toulon, où les navires étaient dans l'obligation de venir faire quarantaine.

En 1628, par un arrêt de la Cour d'Aix, il fut enjoint à tous les médecins chirurgiens et apothicaires de déclarer aux intendants de la santé les malades atteints de maladies suspectes ou contagieuses.

Cet arrêt mérite également d'être mentionné intégralement :

La Cour provoyant sur la réquizition verballement faicte par le Procureur général du Roy, a enjoinct aux médecins, apoticaires et chirurgiens de cette ville d'Aix et autres de ceste province lors qu'ils traiteront quelques particuliers des dites villes de maladies soubçonnés de contagion de le dire et déclarer tout incontinant aux intendans de la santé des cartiers des dites villes sur paine de rispondre en leur propre des inconvéniens que pourraient arriver et d'amende arbitraire, a faict et faict inhibition et deffences aux dits apoticaires de bailler aucuns médicaments et ny drogues sans ordonnance des médecins et aux chirurgiens de faire aucune saignée ni appareils sans la présence et advis de l'un des dits médecins sur mesme paine et de punition corporelle, enjoinct aux Consuls des dites villes de faire signifier le présent arrêt aux dits médecins, apoticaires et chirurgiens à ce qu'il n'en prétende cause d'ignorance.

Fait à Aix en Parlement le treize septembre mil six cens vingt huit.

Les attributions des intendants de la Santé et du personnel sanitaire de l'époque sont formulées dans le grand livre A ouvert par les intendants en 1647.

Marseille était alors divisée en *quatre* quartiers de la manière
suivante :

1° *Corps de ville* comprenant le quartier de l'Hôtel-de-Ville et
des Accoules ;

2° *Blanquerie*, quartier de Saint-Martin et des Augustins ;

3° *Cavaillon*, quartier des Carmes et de la Major ;

4° *Saint Jean*, quartier de ce nom.

Dans une réunion tenue à la Maison Commune de Marseille le
27 octobre 1647, ont été élus intendants de la santé pour la présente
année qui devait finir le jour de la *feste* de saint Simon et saint
Jude de l'année 1648 :

CORS DE VILLE	CAVAILLON
Claude SICARD ;	Joseph DE BLANC ;
François CRESTIN ;	Guilheaume TRUILHER ;
Pierre BEAUMOND ;	André MARTIN ;
Nicolas DE FRES ;	Jacques BLANC ;
Flor PLANCHET ;	Charles ARNAUD dit ISNARD ;
Claude FAUSSILLON.	Dominique FARON.
BLANCARIE	**SAINT-JEAN**
Nicolas EYGUISIER ;	Jean-Baptiste CROUZET ;
Anthoine SEGUIN ;	François CAMPON ;
Marc-Antoine DAIX ;	François VELLIN ;
François Durand ;	Pierre VIAN ;
Jean PASCON ;	Barthélemy SABOLLIN ;
Jean-Jacques GAZELLE.	Jacques FRANCHISCON.

Le 29 novembre 1647, les intendants ci-dessus désignés, en leur
bureau installé à la porte Réalle, pour commencer les fonctions
de leur charge, délibèrent un règlement ayant pour but les mesures
à prendre au point de vue des quarantaines et procèdent à la nomination du personnel de la Santé.

En 1683, le 25 août, le roi Louis XIV édicte un règlement sanitaire
que Sa Majesté veut et ordonne être observé à l'avenir dans les
ports de Toulon et de Marseille, sur les précautions à prendre pour
empêcher que la peste s'introduise dans le *Royaume*.

Ce règlement royal servit de base aux intendants pour élaborer
un règlement sanitaire local le 22 septembre 1689.

Tous les gardes de *santé* inscrits au tableau de l'ancienne Intendance sanitaire recevaient, le jour de leur admission dans le service,
un livret matricule sur lequel les intendants de la Santé avaient
formulé les prescriptions spéciales qui leur étaient applicables.

Le 29 mars 1856, le Ministre de l'Agriculture du Commerce et
des Travaux Publics, H. Rouher, prend un arrêté au sujet des
mesures à prendre applicables au rapatriement des malades de
l'armée d'Orient.

En plus des dispositions générales prescrites dans cet arrêté, des
dispositions spéciales sont prises à l'égard du port de Marseille.

Les articles 21, 22, 23, 24, 25, 26 et 27 de cet arrêté sont ainsi conçus :

DISPOSITIONS PARTICULIERES A MARSEILLE

ART. 21. — *Les arraisonnements auront lieu au Frioul.*

ART. 22. — *Quand les bâtiments seront retenus, les dépêches et les courriers seront apportés au moyen d'embarcations disposées à cet effet ou, s'il y a lieu, par un bateau à vapeur.*

ART. 23. — *Les malades atteints ou suspects de typhus seront débarqués au Frioul et placés dans les salles du Petit Hangar ou dans toute autre partie de l'établissement qui pourra leur être assignée.*

ART. 24. — *Les blessés et les malades simples reconnus exempts de typhus seront conduits à l'Hôpital militaire de Marseille.*

ART. 25. — *Pour le corps et les soins corporels prévus par l'art. 9, les militaires évacués seront placés dans les bâtiments de l'ancien Lazaret continental disposés à cet effet.*

ART. 26. — *Les cas de typhus ou d'affection suspecte qui viendraient à se déclarer parmi eux seront mis dans l'hôpital spécial préparé pour les recevoir dans la galerie dite :* DES PRINCES.

ART. 27. — *Les militaires partant par le chemin de fer s'y rendront sans entrer dans la ville.*

BUREAU DE LA SANTÉ DIT CONSIGNE. — En 1660, le bâtiment de l'ancien Bureau de Santé, qui était bâti au pied de la Tour Saint-Jean, fut affecté à la construction du fort de ce nom.

Jusqu'en 1717, un bâtiment flottant servi de bureau. Ce ne fut que sur la représentation des intendants de la Santé que leur fut accordée, par arrêté du Conseil du Roi du 24 août 1717, la permission de faire construire un nouveau Bureau de la Santé.

Par suite d'une protestation adressée au Roi par la communauté des patrons pêcheurs, la construction du bureau n'eut lieu qu'en 1719.

En 1804, sur la demande des conservateurs de la Santé et sur des motifs énoncés dans un rapport de l'ingénieur en chef du département, le ministre de l'Intérieur autorisa, le 20 fructidor an XII (21 septembre 1804), le prolongement du bâtiment de la Consigne ainsi que divers travaux d'amélioration dans le dit établissement.

En reconnaissance et pour en perpétuer le souvenir, les conservateurs de la Santé publique, avec l'approbation du ministre, firent graver, sur une table de marbre blanc, l'époque de l'agrandissement de la Consigne, avec les noms des Consuls et celui du Ministre de l'Intérieur.

En 1826, le parloir ayant été reconnu insuffisant pour y recevoir les capitaines en quarantaine à la chaîne du port, les intendants demandèrent un deuxième prolongement de la Consigne qui fut accordé le 27 juillet 1827.

Chaine du port. — Vis-à-vis du Bureau de la Santé, à 90 mètres environ de distance et sous les murs du fort Saint-Nicolas, à l'entrée du port, il existait un espace de mer destiné au mouillage des bâtiments qui, après avoir passé la moitié ou les deux tiers de leur quarantaine au port de Pomègue, venaient l'achever et recevoir l'entrée.

Ceux qui avaient une patente brute n'y venaient que cinq jours avant leur admission à la libre pratique.

Les bâtiments et les équipages étaient surveillés, pendant le jour et la nuit, par un certain nombre de gardes de Santé placés dans des cabanes à terre et sur des bateaux de ronde.

En 1843, sur les instances réitérées du commerce auxquelles étaient venues se joindre celles du service des paquebots-poste, qui, par l'organe du Ministre des Finances, réclamaient une partie du port pour en faire leur point de stantionnement, l'assemblée, par une délibération en date du 3 février 1843, décida à l'unanimité que la partie du port connue sous le nom de la *Chaîne du port*, affectée aux navires en quarantaine, serait cédée par l'Intendance sanitaire pour y placer les paquebots-poste du Gouvernement.

Infirmeries et Lazarets. — L'époque à laquelle a été créé le premier établissement sanitaire ne peut être établie d'une manière précise.

Il est cependant de notoriété publique qu'au xve siècle il existait à Marseille des infirmeries à l'anse des Catalans où l'on transportait les malades.

On affirme que les premières mesures sanitaires datent de la peste de 1476 et qu'on les devrait au roi René.

Certains documents relatent :

1° Que les Consuls de la ville reçurent du roi René des instructions et que le régime des léproseries dont il s'était occupé fut appliqué aux établissements de la peste ;

2° Que, sous François Ier, le 18 avril 1526, le Conseil de Ville, après avoir consulté les Prud'hommes pêcheurs, délibéra de faire bâtir un lazaret au voisinage de l'Ourse ;

3° Qu'en 1557, il fut fondé un nouvel établissement aux Catalans.

Les chroniques du temps disent que les mesures de séquestration ayant été bien observées dans ces établissements pendant la peste de 1557 et 1558, la maladie s'y éteignit sans pénétrer en ville.

Ancien lazaret. — L'ancien lazaret continental construit au quartier de Saint-Martin d'Arenc, le 19 des Calendes de septembre (1663), était, sans contredit, le plus grand et le plus beau de tous ceux qui existaient à cette époque. Ce vaste établissement, construit au Nord de la commune de Marseille, occupait une superficie de 232.762 mètres carrés et était clos par une triple enceinte de murailles. L'air y était extrêmement pur, les eaux de la ville y coulaient abondamment dans toutes les directions.

Le lazaret était divisé en sept enclos séparés les uns des autres par des murs de clôture. Quatre de ces enclos étaient spécialement affectés au logement des passagers quarantenaires malades.

Ces enclos, exposés au Midi, étaient rangés en ligne en commençant de l'Est pour finir à l'Ouest suivant l'ordre des dénominations ci-après :

1° L'enclos de *Saint-Roch*, composé de 11 chambres séparées ;
2° L'enclos de *Cassadou*, composé de 6 chambres ;
3° L'enclos du *Puits*, composé de 5 chambres ;
4° L'enclos du *Belvédère*, composé de 5 chambres.

Les trois autres enclos étaient désignés sous les noms de *Grand enclos*, *Petit enclos* et *Nouvel enclos*.

Le lazaret avait trois ports : celui du Midi, celui du Nord et celui du Nouvel Enclos.

Ces bassins étaient tous entourés de quais et suffisamment abrités par une jetée.

En moyenne une trentaine de bateaux effectuaient, chaque jour, dans ces diverses darses, le débarquement des marchandises soumises à l'assainissement.

Dans un terrain compris entre les doubles murs de l'enceinte, on avait établi un *cimetière* dans lequel on inhumait les quarentenaires décédés dans le lazaret, ainsi que ceux décédés à Pomègue ou à la Chaîne du port.

La distribution de l'eau dans les différents enclos du lazaret était assurée par une source voisine du Nouvel Enclos et par la prise d'eau du grand aqueduc de la commune à la Porte d'Aix.

PORT DU FRIOUL. — La création du port du *Frioul* remonte à l'année 1822 ; nous n'en parlerons pas, Le Frioul faisant l'objet d'un chapitre spécial.

FONCTIONNEMENT DES SERVICES DE SANTÉ. — L'organisation de l'Intendance sanitaire à Marseille remonte à l'année 1640. C'est à partir de cette époque que les noms des intendants figurent sur le registre intitulé : *Catalogue de MM. les Intendants de Santé ou Conservateurs de la Santé de Marseille*.

De 1640 à 1724, la nomination de ces administrateurs, dont le nombre a varié de 24 à 15, avait lieu, chaque année, le 28 octobre, dans la Maison commune de Marseille.

La durée de leurs fonctions était d'une année ; elles ont toujours été gratuites.

Plus tard, la durée de ces fonctions fut portée de un à deux ans par une ordonnance royale du 13 septembre 1724.

Par une délibération générale du Conseil de Ville, réuni dans la Maison Commune le 25 juillet 1791, le Conseil donna aux intendants le titre de *conservateurs* de la Santé publique, qu'ils gardèrent jusqu'en 1815.

Cette organisation, qui datait d'un siècle, n'étant plus en harmonie avec les progrès de la science et de la navigation, les intendants de la Santé sentirent le besoin de provoquer, en 1820 et 1821, quelques modifications dans le système administratif et demandèrent, en outre, une loi pénale en matière sanitaire.

Ce fut sur l'insistance des intendants que le Gouvernement décida de se livrer à un travail d'étude préparatoire.

A cet effet, il convoqua à Paris, en septembre 1821, une Commission composée de jurisconsultes, de médecins et de négociants, dans le sein de laquelle MM. les intendants *Majastre et Bruno Rostan* furent appelés.

C'est à la suite de la réunion de cette Commission que la loi du *3 mars 1822* sur la police sanitaire fut promulguée ainsi que l'ordonnance du 7 août de la même année et les instructions ministérielles.

Ces divers documents formèrent un nouveau code sanitaire applicable dans tous les ports français. Toutefois, pour des considérations d'ordres divers, les mesures sanitaires prévues par l'ordonnance du 7 août 1822 furent peu à peu atténuées dans leur application.

Ces modifications devinrent les avant-coureurs de nouvelles réformes importantes dans le système des quarantaines dont le Gouvernement français se préoccupait depuis 1847.

L'institution des médecins sanitaires dans le Levant en fut la première conséquence et le décret de 1850 compléta la nouvelle administration sanitaire locale. Les attributions conférées à l'Intendance sanitaire de Marseille, cessèrent en vertu du décret du 24 juillet 1850. Le 25 juillet de la même année, M. le docteur Mélier, membre de l'Académie de Médecine et du Comité consultatif d'hygiène, fut nommé, par arrêté ministériel, commissaire spécial du service sanitaire et installé dans ses fonctions par M. le préfet des Bouches-du-Rhône à l'issue d'une séance extraordinaire tenue le 30 juillet 1850 par l'Intendance sanitaire..

Ces fonctions essentiellement temporaires ne durèrent que le temps nécessaire pour assurer l'organisation future et définitive du service sanitaire et pour s'entendre à propos de l'exécution du décret relatif à la translation du lazaret continental sur les îles du Frioul.

Tout ce que nous venons de dire au point de vue de l'histoire de la *Santé* à Marseille est relaté dans l'ouvrage publié par M. Alexandre Estève, chef de bureau honoraire de la Direction de la Santé à Marseille, sous le titre : *Ports quarantenaires et Lazarets de Marseille.*

Dans cette publication mes lecteurs, que cette étude pourrait intéresser spécialement, trouveront décrits longuement les incidents historiques et sanitaires se rattachant au port de Marseille, tels que :

1° La pose de la première pierre du Bureau de la Santé .... 9 juillet 1719

2° La visite au Lazaret du frère du Roi et de de l'Empereur d'Allemagne .... 2 juillet 1777

3° Le transfert au Lazaret des restes du général *Malen-Yacoub* par la frégate anglaise *La Pallas* .... vendémiaire an IX

4° La visite au Lazaret du prince de Borghèse .... 31 juillet 1807

5° L'épisode du blocus des côtes ...... 3 au 4 mai 1810

6° L'incident relatif à l'arrivée de deux frégates anglaises sous pavillon blanc, 16, 17, 18 et .... 19 avril 1814

7° L'arrivée et le séjour au Lazaret de la Duchesse d'Orléans .... 2 juillet 1814

8° L'arrivée et le séjour au Lazaret du Duc d'Orléans .... 13 août 1814

9° Le terrible ouragan sur rade, nuit du 24 au 25 décembre 1821

10° La réception au Lazaret de la Duchesse d'Angoulême .... 14 mai 1823

11° La visite au Lazaret du Roi de Wurtemberg .... 2 août 1824

12° La visite du Dauphin au Lazaret ...... 2 mai 1830

13° L'arrivée et le séjour au Lazaret du Duc d'Orléans .... 8 novembre 1839

TABLEAU RECAPITULATIF
DES MÉDECINS DIRECTEURS DE LA SANTÉ
DE 1851 A 1922

MM. les Docteurs BLACHE .... 1851 à 1877

MAROIN .... 1877 à 1895

CATELAN .... 1895 à 1903

TOREL .... 1903 à 1915

BOREL .... 1915 à 1916

DUPUY .... 1916 à 1921

RIBOT .... 1921 (en activité)

Nota : RAYBAUD intérimaire entre MM. les Docteurs DUPUY et RIBOT du 15 janvier 1921 au 31 octobre 1921

TABLEAU RECAPITULATIF
DES MÉDECINS DE LA SANTÉ
DE 1805 A 1922

MM. les Docteurs : LABRIC,
ROBERT,
GIRARD,
DUCROS,
MARTIN,
ROUX,
MELQUIOND,
MAGNE,
GUEIT,
CHANCEL,
GAUTHIER,
SALETTI,
DUVAL,
CASTELLI,
CURE,
JACQUES,
GILLET, *en activité*,
RAYBAUD, *en activité*,
JOUBIN, *en activité*,
PRINGAULT, *en activité*,
PERALDI,
HUILLET,
ROBERT Jean, *en activité*,
PORCHERON,
CROUZET,
DRUELLE, *en activité*.

MODÈLE D'UN BULLETIN DE SANTÉ
SOUS LA DIRECTION DES INTENDANTS

PORT
DE MARSEILLE

INTENDANCE
SANITAIRE

BULLETIN DE SANTÉ

Nous, Intendans de la Santé Publique,

Certifions que M...............................
part.... de cette Ville, comme Passager, sur.....................
appelé ....
Capitaine...............................suivant le permis
délivré ou visé par l'Administration de la Marine, en date du......
pour aller à.....................................
et comme, Grâces à Dieu, la santé est très-bonne en ladite ville de
Marseille et ses environs, sans aucun soupçon de maladies conta-
gieuses, nous prions toutes Autorités quelconques d'ajouter foi au
présent Bulletin, signé par Nous, contre-signé par le Secrétaire de
notre Intendance et muni de notre Sceau ordinaire.

Délivré à Marseille, le....du mois d............183....

LE PRÉSIDENT SEMAINIER,

LE SECRÉTAIRE,

MODÈLE D'UN BULLETIN DE SANTÉ
SOUS L'EMPIRE

EMPIRE FRANÇAIS

ADMINISTRATION SANITAIRE

BULLETIN INDIVIDUEL
DE SANTÉ

Port d....................

L.........................*sanitaire du Port d............certifie*

que M.......................part comme passager..à bord du

Navire, sous pavillon...................., le.....................

Capitaine...................allant à.........................

et que la ville de....................et ses environs sont exempts

de toute maladie contagieuse.

En foi de quoi le présent Bulletin a été délivré.

A...............le...................du mois d..........

de l'an.................

CHAPITRE III

HISTOIRE DES DIFFERENTES CONFERENCES QUI ONT DONNE LIEU A L'ORGANISATION DU SERVICE SANITAIRE MARITIME

C'est au rapport de M. le professeur *Proust*, inspecteur général des services sanitaires, annexé au règlement de police sanitaire maritime de 1896, que j'emprunte les enseignements qui vont suivre :

La première maladie exotique dont l'importation ait été combattue par des mesures sanitaires, est la peste d'Orient.

L'introduction du système sanitaire, suivie de son application la plus immédiate : la création des *lazarets* paraît appartenir à la République de Venise.

Venise, en six siècles, de 900 à 1.500, a eu 63 épidémies de peste qui avaient le Levant pour origine ; elle fut conduite à détruire et à brûler les effets des morts. Elle créa des *provéditeurs* de la Santé (1348), un Bureau de la Santé et finalement un lazaret qui a servi de modèle à l'Europe.

L'essai de défense de Venise fut imité par les autres villes qui étaient en relation avec le Levant.

Gênes d'abord, puis, en 1526, Marseille, eurent un établissement d'isolement contre la peste.

L'Administration sanitaire connue sous le nom de *Santé de Marseille*, comme celle des autres cités méditerranéennes, acquit une influence considérable et montra des allées despotiques dont le souvenir n'est pas encore effacé ; mais elle rendit de réels services ; et, depuis 1720, date de la dernière épidémie de peste à Marseille, épidémie qui rendit célèbres les noms de Belsunce et du Chevalier-Roze ; jusqu'en 1837, elle reçut, à neuf reprises, des individus atteints de cette maladie qui, toujours, s'éteignit dans le lazaret sans avoir gagné la ville.

Au XVIIIe siècle et au début du XIXe, la navigation au long cours se faisait par des voiliers de 200, 300 et rarement de 500 tonneaux. Les conditions hygiéniques dans lesquelles se trouvaient les équipages, tant au point de vue du logement que de l'alimentation, laissaient beaucoup à désirer. Mais, peu à peu, la navigation à vapeur se substituant à la navigation à voiles et les navires étant d'un plus grand tonnage, les conditions hygiéniques s'améliorèrent sous tous rapports ; aussi, il en résulta une transformation dans l'esprit des populations qui ne supportèrent plus que péniblement les longues attentes des quarantaines.

Aussi les intendances sanitaires furent-elles vivement attaquées à cause des entraves qu'elles apportaient aux intérêts du commerce et de la navigation.

C'est alors qu'en France, l'Académie de médecine, après de longues discussions, se prononça contre les pratiques surannées en contradiction avec les progrès de la science. En outre, un grand nombre de plaintes s'élevèrent sur la diversité des règlements et des pratiques sanitaires en vigueur dans les différents ports de la Méditerranée.

Chaque état avait un régime particulier ; ici on repoussait les provenances qui, là, étaient admises sans difficulté.

Dans tel pays on considérait comme contagieuse et importable une maladie qui, dans les pays voisins, était déclarée non contagieuse et non transmissible.

C'est pour remédier à ces gros inconvénients que la France prit l'initiative d'un projet de Conférence entre les délégués des différentes puissances ayant des possessions ou des intérêts importants dans la Méditerranée, conférence qui devait poser les bases d'un système saniatire uniforme pour tous les ports de cette mer.

Après de longues négociations, la proposition du Gouvernement français de convoquer une conférence fut favorablement accueillie et une réunion à laquelle ont pris part les délégués de douze puissances eut lieu à Paris en 1851.

Cette conférence a beaucoup contribué à faire disparaître plusieurs opinions erronées sur les conditions sanitaires de l'Orient, à diminuer les exagérations des mesures quarantenaires dans la Méditerranée et à préparer l'adoption de principes rationels de prophylaxie maritime.

Jusqu'à cette époque, chaque pays prenait des mesures de prophylaxie pour lui seul.

Pour la première fois, en 1851, les puissances se concertaient dans un but d'intérêt commun : *L'Hygiène internationale était fondée* ; mais la Sardaigne et le Portugal furent seuls signataires avec la France de la convention qui s'en suivit.

Par suite d'une épidémie de choléra qui éclata en 1865, les populations du Midi furent terrifiées, l'Europe comprit qu'elle ne pouvait rester chaque année à la merci du pèlerinage de La Mecque. Aussi le Gouvernement français prit-il l'initiative d'une nouvelle conférence qui se réunit à Constantinople en 1866.

C'est à partir de ce moment que des quarantaines furent établies sur des bases réellement scientifiques.

La conférence de Vienne, qui eut lieu au mois de juillet 1874, avait pour but l'étude des mesures prophylactiques contre le choléra et la création d'une commission internationale permanente des épidémies. Ces deux projets furent suivis de négociations diplomatiques qui n'ont pas abouti.

En 1881, la conférence de Wasinghton avait pour but l'étude de la prophylaxie de la fièvre jaune.

La conférence de Rome de 1885 ne fut suivie d'aucune convention diplomatique.

Quoique ces différentes conférences n'aient été suivies d'aucunes mesures générales, il faut reconnaître qu'elles ont été le point de départ d'améliorations successives au point de vue d'empêcher la transmission des maladies épidémiques et contagieuses et de l'application de mesures de quarantaines dans chaque état.

La conférence de Venise en 1892 a admis la nécessité de l'organisation d'une surveillance sanitaire à Suez et de la création aux sources de Moïse d'un hôpital et d'un établissement de désinfection.

Elle a réglé la question du passage en quarantaine du Canal de Suez ; elle a refusé ce passage aux navires contaminés et ne l'a autorisé que pour les navires suspects et en l'entourant de garanties sérieuses : médecin à bord, étuve, etc.

Enfin, elle a créé un corps de gardes sanitaires pour assurer l'isolement pendant le transit et a réorganisé le Conseil d'Alexandrie, en a diminué l'élément local et en a fait une institution d'un caractère plus international.

La conférence de *Dresde* de 1893 n'a fait qu'appliquer à l'Europe les principes qui avaient été acceptés à Venise ; elle fut la base d'un adoucissement considérable des mesures sanitaires prescrites jusqu'alors et le point de départ des *passeports sanitaires*.

La prophylaxie du pèlerinage de La Mecque et la protection du golfe Persique font l'objet des délibérations de la conférence de *Paris* en 1894.

Conférence de Paris 1903. — La conférence de Paris de 1903 commença le 10 octobre et prit fin le 3 décembre.

C'est la onzième conférence internationale et une des quatre qui ont eu un caractère nettement intergouvernemental aboutissant à des conventions diplomatiques.

Conférence scientifique, historique et nettement décisive, elle codifia les conférences antérieures, adapta les décisions de ces conférences aux acquisitions scientifiques sur la peste ; elle s'occupa aussi du choléra et de la fièvre jaune.

Elle donna naissance au Bureau International d'Hygiène publique qui fonctionne toujours régulièrement sous le nom d'Office International d'Hygiène publique.

Les principales décisions qui ont été prises dans cette conférence sont les suivantes :

La durée de l'incubation de la peste est abaissée à 5 jours ;

L'autorité sanitaire a subordonné la faculté de substituer la *surveillance* à l'*observation* ;

Elle met les puissances dans l'obligation de notifier les cas de peste et l'*isolement* devient le *point de départ* du délai pour la cessation des mesures de défense. Elle indique les limites des circonscriptions sanitaires, par exemple : on considère un quartier de la ville *contaminé*, sans considérer toute la ville. C'est un gros progrès, puisque les puissances signataires ne considèrent comme contaminé qu'un quartier du port par exemple, au lieu de déclarer *infecté tout le port*.

La Commission s'occupa de la destruction des rats pour la défense contre la peste. Les mesures de défense contre le choléra furent maintenues. En ce qui concerne la fièvre jaune, la conférence recommanda la modification des règlements sanitaires de manière à les mettre en rapport avec les données actuelles de la science sur le mode de transmission de la fièvre jaune et surtout sur le rôle des moustiques comme véhicules des germes de la maladie.

La composition et le fonctionnement du Conseil supérieur de santé furent indiqués et précisés. On atténua les mesures en faveur des navires à pèlerins présentant certaines grarantics.

Enfin elle termina par la création, dont nous avons parlé, de l'Office International d'Hygiène Publique qui existe à Paris.

CONFÉRENCE DE 1912. — La dernière conférence qui donna lieu à la convention sanitaire internationale, signée à Paris le 17 janvier 1912, s'est occupée des mesures propres à sauvegarder la santé publique contre l'invasion et la propagation de la peste, du choléra et de la fièvre jaune.

Cette convention a été rendue exécutoire en France par décret du 14 octobre 1920 publié au *Journal Officiel* du 21 octobre 1920. Ce sont ces mesures qui sont en grande partie édictées par le décret du 26 novembre 1921, de plus la convention sanitaire de 1912 a prescrit des précautions spéciales pour les provenances des Pays d'Orient, notamment les mesures dont les ports contaminés au départ des navires, la surveillance et la désinfection à *Suez*, le passage en quarantaine du canal et le régime sanitaire applicable au Golfe Persique.

Elle a prescrit des dispositions spéciales pour les navires à pèlerins et indiqué la surveillance et l'exécution des règlements sanitaires par le Conseil Sanitaire maritime et quarantenaire d'Egypte et par le Conseil Sanitaire International de Tanger.

Cette Convention classe les navires en : *infectés, suspects ou indemnes*, prescrit la *surveillance* ou *l'observation* et indique très nettement les mesures de *dératisation* qu'elle recommande de pratiquer au moins une fois tous les *six* mois.

NOTA. — *L'étude de ces différentes Conférences nous amène à constater :*

Qu'en 1851, sous l'influence de la France, douze nations seulement prenaient part à cette manifestation sanitaire ;

Que vingt-quatre pays assistèrent à celle de 1903 ;

Et qu'en 1912, au Ministère des affaires étrangères à Paris quarante-quatre nations étaient représentées dans le but de se concerter en commun contre l'invasion des redoutables fléaux que représentent les maladies épidémiques.

Constatation réconfortante pour l'humanité et flatteuse pour notre pays choisi par 43 nations pour rendre hommage à l'action constante de la France dans la prophylaxie sanitaire.

IMPRESSIONS SUR LA NOUVELLE ORIENTATION SANITAIRE DE L'ADMINISTRATION FRANÇAISE. — Grâce aux précautions sanitaires prises par l'emploi des moyens de désinfection, au point de départ et à bord, les navires arrivant de pays contaminés purent obtenir la libre pratique immédiate bien qu'ayant une patente brute.

Depuis l'adoption par le Comité consultatif d'Hygiène publique de France des nouvelles dispositions soumises en 1885, le règlement de 1876 ne fut plus appliqué avec la même sévérité : les passagers sont immédiatement débarqués après visite médicale favorable et les paquebots peuvent opérer le déchargement de leurs marchandises quelques heures après leur admission à la libre pratique. La quarantaine d'observation qui était la règle pour les navires provenant des pays suspects a été remplacée par une simple inspection médicale des navires à leur arrivée.

Ainsi, en ce qui concerne le port de Marseille, pour une période de *cinq* années de 1890 à 1894 inclus, une *moyenne annuelle* de 498 navires et de 23.820 passagers ont profité des avantages de l'inspection médicale avec libre pratique immédiate alors que, conformément aux règlements de police sanitaire de 1876, ils auraient dû subir une quarantaine d'observation en raison de leur provenance de pays suspects ou contaminés. Parmi les moyens nécessaires pour prévenir la propagation des maladies épidémiques la désinfection a certainement joué le premier rôle ; c'est elle qui a été la base de la suppression des quarantaines.

Le Règlement de 1876. Le Règlement de 1896. — Le règlement de 1896 constituait un progrès considérable au point de vue de la facilité de notre navigation et de nos relations commerciales sans compromettre les intérêts de la santé publique ; il n'était d'ailleurs que l'application des principes qui ont été acceptés et des résoluions qui ont été votées par le Comité consultatif d'Hygiène publique de France en 1885 et les dernières conférences de Venise (1892) de Dresde (1893) et de Paris (1894) :

1° Une première différence consistait dans la façon de définir le navire *infecté* et le navire *suspect* ; 2° Le régime appliqué aux navires infectés et aux navires suspects était très différent dans les deux règlements ; ainsi dans le régime des navires infectés : *dans l'ancien règlement* les passagers des navires définis par l'ancien réglement comme *infectés* de choléra étaient passibles sur la Méditerranée, à dater de leur isolement au lazaret d'une quarantaine de sept jours pleins qui pouvait être portée à dix jours ; *dans le nouveau réglement*, les personnes débarquées d'un navire défini par le nouveau réglement comme infecté de choléra n'étaient plus soumises qu'à une observation qui ne pouvait dépasser *cinq* jours pour le choléra. Dans le régime appliqué aux navires *suspects* (réglement de 1896) la quarantaine dite d'observation était *supprimée* tandis que dans le règlement de 1876 les navires définis par l'ancien réglement comme suspects de choléra, c'est-à-dire venant d'un pays contaminé ou suspect de choléra et n'ayant jamais présenté à bord d'accident confirmé ou même probable de cette maladie étaient cependant passibles dans les ports de la Méditerranée d'une quarantaine d'observation qui pouvait varier de trois à sept jours pleins.

Le réglement de 1896 supprimait cette quarantaine d'observation non seulement pour les navires qui n'ont jamais présenté d'accidents à bord mais pour ceux qui ayant eu un ou plusieurs cas confirmés ou suspects au moment du départ ou pendant la traversée, n'ont présenté aucun cas nouveau de choléra depuis *sept* jours ; de fièvre jaune ou de peste depuis *neuf* jours.

Ces navires étaient soumis à la visite médicale des passagers et de l'équipage, à la désinfection du linge sale, des effets à usage, des objets de literie et si le navire a quitté depuis moins de *cinq* jours le port contaminé les passagers au lieu d'être retenus dans un lazaret ou à bord pour y subir une quarantaine n'étaient soumis qu'à la surveillance sanitaire au moyen du *passeport sanitaire*.

En résumé la différence fondamentale entre le réglement de 1896 et celui de 1876 résidait dans ce fait que dans ce dernier la désinfection n'était que facultative et exceptionnelle, la quarantaine étant au contraire obligatoire pour tous les navires provenant des pays contaminés ou même suspects quelle que fut la durée de la traversée et quel que fut l'état sanitaire du bord. D'après le règlement de 1896 la désinfection étant obligatoire, l'isolement n'était que facultatif et tout à fait exceptionnel.

En résumé le réglement de 1896 réalisait un progrès important sur celui de 1876 en diminuant les entraves imposées inutilement au commerce et à la navigation sans compromettre les intérêts de la santé publique. .

Enfin aujourd'hui, le décret du 26 novembre 1921 qui règle le fonctionnement de la police sanitaire maritime apporte le plus d'adoucissement possible aux mesures applicables aux navires arrivant dans nos ports de France venant de pays contaminés ou suspects ; et, sans entrer ici dans le détail de la conférence de Varsovie qui a eu lieu du 20 au 28 mars 1922, il est à noter qu'elle a réduit à *quatorze* jours le délai de surveillance sanitaire qui était de *vingt-cinq* pour le typhus exanthématique.

CHAPITRE IV

LE SERVICE SANITAIRE MARITIME A MARSEILLE
SON FONCTIONNEMENT EN 1923

Ainsi que nous l'avons vu plus haut dans le chapitre (Historique de la Santé), de 1660 à 1719 un bâtiment flottant servit de bureau à la Santé.

Consigne du Vieux-Port. Direction. — La consigne du Vieux-Port (consigne Saint-Jean) dont la construction fut décidée le 24 août 1717 fut édifiée en 1719.

Le bâtiment de la Consigne actuelle ou se trouvent les bureaux de la Direction est situé sur le bord de la mer à l'entrée du Port-Vieux près le fort Saint-Jean.

Sur le fronton de la façade a été placée la statue de saint Roch en pierre de Calissane, chef-d'œuvre de Chardigny statuaire, pensionnaire de l'école des Beaux-Arts à Rome et membre de l'Académie de Marseille.

On pénètre dans la Consigne par une cour fermée d'une barrière en fer.

Un long corridor donne accès à toutes les pièces du bâtiment.

En entrant, se trouve à droite le poste des mariniers et une pièce où se trouve tous les agrès des embarcations ; à gauche les cabinets d'aisances. A la suite une grande pièce éclairée au midi par des fenêtres ouvrant sur la mer, dans laquelle sont installés les bureaux administratifs. (Bureau pour la délivrance des patentes ; bureau du service général ; bureau de M. le capitaine trésorier ; bureau de M. le secrétaire général).

Enfin au fond du corridor se trouve le cabinet de M. le Directeur de la Santé (ancienne salle où se réunissait le Conseil Sanitaire).

(Œuvres d'Art. — Parmi les œuvres d'art qui décorent l'ancienne salle du Conseil Sanitaire, aujourd'hui Cabinet de M. le Directeur de la Santé, citons :

1° *Un tableau de DAVID.* — L'Intendance sanitaire désirant avoir un tableau représentant saint Roch implorant la Sainte Vierge fit écrire en 1779 à M. *Vien,* directeur de l'Académie de France à Rome pour le prier de faire exécuter ce travail par un de ses élèves.

Ce tableau peint à Rome en 1780 par Louis David représente saint Roch intercédant la Vierge pour la guérison des pestiférés.

Le chien, compagnon de saint Roch, léchant deux malades.

Au premier plan, sur des marches, est étendu un pestiféré, la tête entourée d'une draperie blanche qui revient sur le corps. Dans le fond, aux abords d'une ville, des citoyens relèvent et transportent des cadavres.

Ce fut M. *Guys*, Intendant sanitaire qui fut chargé par ses collègues de l'acquisition de ce tableau.

2° *Un tableau de GÉRARD*. — L'Intendance commanda en 1824 à M. le baron Gérard, premier peintre du Roi, un tableau représentant Mgr de Belsunce sur les marches de l'Hôtel de Ville distribuant des secours aux malheureux au milieu des horreurs de la peste.

M. le baron Gérard n'exigea aucun paiement pour son tableau.

3° *Un tableau de PAULIN GUÉRIN*. — En 1826, l'Intendance décida de faire peindre par M. Paulin Guérin un tableau représentant le chevalier Roze faisant inhumer les pestiférés à la Tourrette.

La réception du tableau eut lieu le 23 juillet 1833.

Cette œuvre remarquable de Paulin Guérin retrace exactement l'image du Chevalier Roze qui, à cette époque désastreuse, se distingua par ses nombreux actes de dévouement.

4° *Un tableau d'HORACE VERNET*. — Le 10 septembre 1833, l'Intendance écrivit à M. Horace Vernet, alors Directeur de l'Académie de France à Rome pour le prier d'exécuter le quatrième tableau destiné à décorer la salle des délibérations.

Ce grand maître n'hésita pas à choisir un sujet qui, à cette époque, était plein d'actualité.

Ce tableau représente le choléra à bord de la frégate française *La Melpomène* partie de Lisbonne le 3 juillet 1833 pour Toulon ayant eu, avant son départ pour la France, 18 décès de choléra morbus, plus 9 décès durant la traversée. Le mousse atteint de choléra est d'une vérité frappante.

Bas-relief de PUGET. — Au nombre des œuvres d'art qui se trouvent dans le cabinet de M. le Directeur de la Santé, citons encore : Une reproduction en plâtre du Bas relief de Puget dont l'original figura à l'Exposition Coloniale de Marseille en 1922 et qui est destiné au Musée Longchamp. Ce bas relief de Puget qui avait été acquis par l'Intendance Sanitaire à la suite d'une convention privée du 31 mai 1730, représente la Peste de Milan et saint Charles Borrhomée priant pour les pestiférés.

Ce bas relief aurait coûté, en tenant compte de la pension qui a été payée par l'Intendance au sieur Pierre-Paul Puget, petit-fils de Pierre Puget, la somme de 23.295 francs.

Tableau de Ph. TANNEUR. — Nous ne pouvons passer sous silence au nombre des œuvres d'art qui ornèrent l'ancienne salle du Conseil Sanitaire, un tableau de Ph. *Tanneur* qui figura également à l'Exposition Coloniale de 1922 et dont ci-après l'historique : La direction Sanitaire profitant de la présence à Marseille du célèbre peintre de marine Ph. Tanneur délibéra le 24 septembre 1841 de commander à cet artiste un tableau représentant la peste exerçant ses ravages à bord d'un bâtiment du *Roi* et dont l'effet aurait un but moral.

Le 8 mars 1842, la direction recevait de Tanneur un tableau représentant la frégate *La Justice* ayant la peste à bord.

Cette superbe marine représente la frégate en panne.

Sur le couronnement, deux officiers et quelques hommes de l'équipage procèdent à la lugubre cérémonie de l'ensevelissement, dans les flots, d'un marin décédé à bord. En signe de deuil, le pavillon national est en berne.

Le pavillon jaune hissé au mât de Misaine indique que la frégate est en état de quarantaine.

La mort du Médecin. — Parmi les œuvres d'art qui ornent le cabinet actuel de M. le Directeur de la Santé, mentionnons aussi une immense toile placée dans le fond du cabinet, signée Vernet dont la signature a été effacée par le temps et qui date de 1822. Cette toile représente la mort d'un jeune médecin donnant ses soins à un pestiféré.

Objets Anciens. — Au nombre des objets anciens qui se trouvent dans la même salle, citons d'abord une magnifique pendule Louis XV ; ensuite placés sous une vitrine ou aperçoit : une longue pince d'argent terminée par une minuscule patène d'or : cet instrument servait à donner la communion aux pestiférés ; une autre pince d'argent servant à l'application des Saintes Huiles ; des instruments de chirurgie utilisés au cours de l'année 1720 ; des instruments divers, tels que des pinces pour prendre les papiers sanitaires, patentes, etc. ; des pinces pour tailladér les correspondances ; une cloche en verre avec récipient pour purifier les lettres.

Enfin une chaise à porteurs dont aurait usé Marie-Antoinette. A ce sujet il est bon de noter que M. le Directeur de la Santé n'aurait trouvé aucune trace dans les archives de la Santé mentionnant une visite de l'épouse de Louis XVI.

Enfin dans le grand corridor dont nous avons parlé plus haut existe un plan en relief des îles du Frioul exécuté par Sicard d'Aubagne.

Consignes Sanitaires de la Joliette et du Bassin National. — Indépendamment du bureau d'arraisonnement installé à la direction de la Santé, il existe deux consignes sanitaires : l'une sur la traverse Nord de la Joliette (place d'Afrique) l'autre sur le quai de Rive du Bassin National.

Consigne de la Joliette. — Le bâtiment où se trouve installé actuellement la consigne sanitaire de la Joliette a été cédé en 1854 par l'Administration des Ponts-et-Chaussées pour arraisonner les nombreux navires qui venaient à cette époque mouiller dans le nouveau port afin d'y embarquer des troupes, des approvisionnements et du matériel de guerre destinés à l'expédition de Crimée. En 1896 une permanence médicale fut établie dans cet office en vue de faciliter le commerce.

La consigne de la Joliette se compose d'un rez-de-chaussée et d'un premier étage.

Au rez-de-chaussée : Bureau du médecin de service ; bureau de l'officier chargé des arraisonnements ; une chambre d'officier et cuisine.

Au premier étage : chambre d'officier et logement du concierge.

CONSIGNE DU BASSIN NATIONAL.. — Sur la demande des capitaines des Compagnies de Navigation et du Commerce un deuxième bureau a été construit par les soins de l'Administration des Ponts-et-Chaussées. La consigne sanitaire du bassin national située au môle D aussitôt après le pont de la grande bigue se compose : d'un rez-de-chaussée, d'un premier étage et d'un second étage avec une terrasse ayant vue sur la mer.

Au rez-de-chaussée : Bureau de l'officier chargé des arraisonnements. Bureau des docteurs ; cuisine du concierge.

Au premier étage : Laboratoire de bactériologie.

Au second étage : Chambres destinées aux docteurs et aux officiers de service.

PERSONNEL. — Le Service Sanitaire Maritime à Marseille, installé dans les locaux dont nous avons parlé plus haut fonctionne sous la direction de M. le docteur Ribot, Directeur de la Santé. Lui sont adjoints :

6 médecins de la Santé;

6 Capitaines dont M. Roume secrétaire de la Direction ;

4 Lieutenants ;

3 Gardes principaux ;

4 Mariniers ;

23 Gardes ;

Une dactylographe (attachée aux bureaux de la Direction).

Le personnel détaché au Frioul est compris dans cette énumération).

RECONNAISSANCE ET ARRAISONNEMENT. — Dans notre étude sur le service Sanitaire Maritime en France et en Algérie nous avons vu que tout navire qui entre dans un de nos ports de France ou d'Algérie était soumis à des mesures différentes suivant les localités d'où il provient.

Tout navire donc abordant un port de France ou d'Algérie est tenu à subir les formalités de la Santé.

Toujours la *Reconnaissance* et suivant sa provenance : les formalités de *l'arraissonnement, la visite médicale, la dératisation, la désinfection et la quarantaine s'il y a lieu.*

En ce qui concerne le port de Marseille, selon que le navire s'amarre au Vieux-Port ou dans les bassins au-delà ou en deça du pont de l'Abattoir, les navires doivent aussitôt leur arrivée se faire reconnaître :

Ceux qui arrivent dans le Vieux-Port.... à la Direction de la Santé.

Ceux qui s'amarrent du pont de l'Abattoir à la Joliette... à la Consigne Sanitaire de la Joliette.

Ceux qui s'amarrent avant le pont de l'abattoir... à la Consigne du Bassin National.

Actuellement, lorsqu'un navire arrive à Marseille, suivant l'emplacement qu'il doit occuper, un officier du bord accompagné du médecin du bord s'il y en a un, se rend, *par mer*, soit à la Direction soit dans l'une des consignes sanitaires. Ces officiers subissent alors l'interrogatoire de la reconnaissance, après quoi la libre pratique lui est donnée par l'officier de service.

VISITE MÉDICALE. — Si le navire est soumis à la visite médicale par suite de son pays de provenance, un des médecins de service se rend à bord ; procède à la visite des passagers et du personnel formant l'équipage et accorde la libre pratique, s'il n'y a pas de malades atteints de maladies épidémiques et contagieuses à bord en tenant compte des règlements en vigueur.

A Marseille, cette visite se passe généralement lorsque le navire est amarré à quai, ce qui n'est pas sans occasionner certaines difficultés ; les passagers sont impatients de descendre ; les parents et amis qui se trouvent à terre sont pressés d'embrasser leurs parents ; sans parler des fournisseurs et des mercantis qui trouvent souvent moyen de se rendre à bord avant l'arrivée du médecin, ce qui n'arriverait pas si la visite médicale s'opérait en rade soit au niveau du Frioul soit au niveau des Saintes-Maries.

Malheureusement d'une part le Service de la Santé à Marseille n'est pas outillé de façon à pouvoir aborder les navires par les mauvais temps et d'autre part, bien à tort cependant, le commerce *croit* gagner du temps à ce que ces visites aient lieu à quai ; c'est une erreur, car en général les passagers et le personnel de l'équipage se prêtent mal à cette formalité, ce qui apporte plus de retard au débarquement que si cette visite se passait en rade comme cela se fait dans beaucoup de ports de France et de l'Etranger.

DÉRATISATION. — Conformément aux règlements en vigueur le navire arrivant de pays contaminés est encore soumis, avant le débarquement de ses marchandises à une autre mesure : la *dératisation*. Sans vouloir entrer ici dans le domaine scientifique, il est bon de rappeler que les puces des rats sont des agents transmetteurs de la peste. Il y a donc nécessité de prendre toutes les précautions nécessaires pour détruire les rats et les empêcher de communiquer avec la terre.

Pour cela faire, les navires arrivant dans les conditions prévues par les règlements en vigueur sont soumis à la dératisation qui se fait, à Marseille, au moyen des appareils Blanc et Clayton.

Les amarres sont également garnies de disques pour empêcher les rats de descendre à terre et de remonter à bord.

A Marseile, M. le capitaine Voitot et M. le lieutenant Parcy sont actuellement chargés de ce service auxquels incombe également la surveillance de la désinfection et de l'assainissement des navires. (*Voir chapitre dératisation*).

LE LABORATOIRE. — Les rats capturés sont ensuite envoyés au laboratoire de bactériologie situé au premier étage de la Consigne Sanitaire du Bassin National et sont soumis à l'examen de M. le docteur *Raybaud*, médecin chef du laboratoire depuis 1913 succédant à M. le docteur *Gauthier* et aidé de son adjoint M. le docteur *Pringault*, médecin de la Santé.

C'est également au dit laboratoire que se font les examens de prélèvements opérés sur les malades suspects ou contaminés.

Le laboratoire de la Santé installé au premier étage de la Consigne Sanitaire du Bassin National, comprend plusieurs salles :

A l'entrée, une salle avec four crématoire pour incinération des rats.

Une deuxième salle où se trouvent : un second four crématoire ; un grand autoclave ; un petit autoclave et un four Pasteur.

Sur la droite en entrant, se trouve une autre salle plus spacieuse avec plusieurs fenêtres ayant vue sur la mer. Cette salle est divisée en deux parties : l'une dans laquelle se trouve une grande table sur laquelle se font toutes les analyses microscopiques ; dans l'autre une autre table avec dessus en verre sur laquelle il est procédé aux autopsies des rats.

Une pièce attenante sert de cabinet au médecin chef.

Enfin, au rez de chaussée, dans une cour où des installations spéciales ont été aménagées, se fait l'élevage des rats et des souris destinés aux expérimentations.

Dans une deuxième cour sont placés les animaux inoculés mis en observation. Les soins en sont confiés à M. *Arnaud*, garde principal de la Santé, attaché au laboratoire depuis l'année 1901, aidé de sa fille Mlle *Arnaud*, depuis 1918.

Au cours de l'année 1922, 962 rats, provenant des quais et 1081 provenant des navires, ont été examinés. Sur ces chiffres : 5 provenant des quais ont été reconnus pesteux ; et, 3 provenant des navires ont été reconnus suspects.

FORMALITÉS AU DÉPART. DÉLIVRANCE DES PATENTES. — Quant à la délivrance des patentes des navires à leur départ de Marseille. c'est à M. le lieutenant Perchel qu'incombe ce service.

CHAPITRE V

LE FRIOUL

L'île de Jarre entre Riou et Maire, le port de Pomègue, Endoume recevaient autrefois les bateaux en quarantaine.

Le lazaret du Frioul construit en 1822 a remplacé les sept enclos du lazaret d'Arenc qui exista de 1663 à 1822 et sur l'emplacement duquel a été creusé le bassin actuel dit du lazaret.

En 1822 le port du *Frioul* fut créé par la construction d'une grande jetée qui reliait les deux îles de Pomègue et de Ratonneau. Cette jetée a coûté 1.800.000 francs. Le port fut appelé Dieudonné par le *duc de Berry*.

Le Frioul si redouté est un organe de la défense nationale en même temps qu'un excellent outil de prophylaxie sanitaire.

Le Frioul a vu depuis quelques années plus de cinq cents malades atteints de peste et de typhus.

Les bâtiments qui composent le lazaret du Frioul s'étendent sur une vaste surface des îles et sont reliés par des routes carrossables : « Hôpital Proust, Pavillons d'observation et Pavillons de désinfection ».

QUELQUES POINTS D'HISTOIRE

En 1647, le navire *Soleillet* contaminé de peste à la Ciotat est isolé à Pomègue.

En 1720, le grand *Saint-Antoine* après avoir contaminé Marseille et la Provence où périrent 80.000 habitants, termine sa quarantaine dans le port de Pomègue.

En 1804, la frégate *La Justice* avec douze pesteux commandée par commandant *d'Allarède*, venant de Constantinople lutte avec la flotte anglaise en se rendant au Frioul.

Dans le courant de la même année (1804) 42.448 soldats venant des armées d'Egypte, du Levant, de Barbarie, d'Italie et d'Espagne sous les ordres des généraux *Valmeyre, Danzelot, Robin, Maurand*, furent mis en quarantaine avec 9.584 malades de peste et de scorbut.

En 1810, les Anglais firent le siège de Pomègue pour s'emparer des dix navires qui y purgeaient leur quarantaine. Ils furent repoussés par les quarantenaires et par l'aviso garde-côtes Saint-Antoine. Le combat dura trente minutes ; il nous coûta trois morts et dix blessés. La flotte anglaise fut repoussée.

En 1856, après la guerre de Crimée 34.000 hommes passèrent par le Frioul avant d'être admis en France. Le seul vaisseau *Le Fleurus* y débarqua 800 malades atteints de typhus.

Le lazaret du Frioul reçut les visites de hauts personnages qui y séjournèrent :

En 1814 : Le duc et la duchesse d'Orléans ;

En 1823 : La duchesse d'Angoulême ;

En 1830 : Le Dauphin.

M. le Président Poincaré fit également un séjour au Frioul comme quarantenaire en 1901.

Le Ministre actuel de l'Hygiène, M. *Paul Strauss*, publia en 1902 dans son livre *La Croisade Sanitaire* une opinion qui conserve encore aujourd'hui toute sa valeur et toute sa vérité.

Le Frioul est exposé aux tempêtes : en 1821 et 1862 les ouragans y détruisirent dix-neuf navires.

Ile de Pomègue

L'ancien lazaret situé sur l'île de Pomègue est distant de l'entrée du lazaret du Frioul, par voie de mer de : 1 h. 300 ; par voie de terre de : 1 k. 800. Il a servi pendant la guerre à l'isolement d'une quinzaine de malades. Le bâssin de ce lazaret ne pouvait recevoir que des voiliers en raison de son peu de profondeur.

PORT DU FRIOUL. — Sur le port du Frioul existe *l'ancienne capitainerie* comprenant le logement du mécanicien des étuves, celui d'un garde, les citernes des logements et des étuves et un grand hangar.

BATIMENT DES ETUVES. — Le bâtiment des étuves se trouve sur l'île de Pomègue (200 mètres de longueur sur 24 de largeur) divisé en différents compartiments :

1er *Compartiment*. — Dans le premier compartiment se trouvent la forge et l'outillage nécessaire pour la désinfection ; et, la pompe à incendie.

2e *Compartiment*. — Dans ce compartiment existe : un générateur ; une machine à vapeur ; un appareil *Perrey* pour distiller l'eau de mer ; une caisse à mélange pour désinfection ; une pompe à vapeur pour alimenter les caisses desservant les bains et les douches.

3e *Compartiment*. — Le troisième compartiment divisé en deux parties comprend la salle des étuves : *côté infecté :* chariots et voie de communication *côté désinfecté :* deux chaudières verticales et quatre étuves.

4e *Compartiment*. — Le quatrième compartiment comprend des salles de bains et des cabines de douches. (Onze baignoires et douze cabines de douches sont réservées aux dames et aux enfants.)

5e *Compartiment*. — Ce compartiment est composé d'un local pour le déshabillage des passagers émigrants ou autres.

Devant ce local passent les wagonnets allant aux étuves. Tout ce qui est cuir ou périssable est mis à part et tranféré dans un local qui se trouve en face pour la désinfection en surface.

6° *Compartiment*. — En sortant du local ci-dessus, les quarantenaires vont directement dans une salle de douches où peuvent passer cinquante-deux personnes à la fois, lesquelles, l'opération terminée, se rendent dans une salle pour s'habiller. Les effets sortant des étuves par la partie extérieure leur sont donnés sans avoir communiqué.

De là, les passagers sont conduits dans la partie désinfectée.

7° *Compartiment*. — Ce compartiment sert de salle d'attente pour les passagers avant leur embarquement.

8° *Compartiment*. — En cas de séjour, cette dernière partie du hangar sert de logement. (Cette partie a contenu 159 lits en 1915.)

Un peu plus à l'Est se trouve : un hangar servant de salle de restaurant pour les émigrants. (Ce hangar a contenu 110 lits en 1915.)

Dans l'île de Pomègue, existe encore un bâtiment dénommé *Caserne blanche* qui se trouve à l'entrée du port. Ce bâtiment peut servir pour deux logements.

Ile de Ratonneau

L'Ile de *Ratonneau* a deux petits ports d'accostage : le premier à l'ouest *L'Eoube* le second, en très mauvais état, à l'est *Ratonneau*. A un kilomètre environ du débarcadère se trouve l'hôpital et ses annexes qui se décompose de la façon suivante :

1° L'Hôpital *Proust*, complètement installé à la moderne avec revêtement des murs en verre ; W. C. tout à l'égout. Cet hôpital comprend au premier étage neuf chambres pour malades contenant ensemble dix-sept lits et une chambre de veille. Au rez-de-chaussée le service médical, la pharmacie, la lingerie et un restaurant. Au sous-sol : étuve, baignoires, douches, buanderie, séchoir ;

2° Une annexe comprenant : au rez-de-chaussée grande salle d'attente avec téléphone et logement du gardien infirmier ;

3° Le Pavillon *Belsunce* ;

4° Le Pavillon *Saint-Roch* ;

5° La Chapelle, avec sous-sol ;

6° Le Pavillon *Chevalier-Roze* ;

7° Le Pavillon *Saint-Charles Borrhomée* ;

8° Le Pavillon de l'Entrée ;

9° Le Pavillon du restaurant.

(Ces différents pavillons comprennent un rez-de-chaussée et un premier étage.)

10° La Cuisine ;

11° L'Amphithéâtre.

Enfin cinq citernes d'une contenance totale de 820 m³.

De tous ces pavillons, 1 et 2 sont les seuls en état de pouvoir recevoir des malades.

De 3 à 11, ces locaux ont été occupés pendant la guerre respectivement par des réfugiés, des indésirables et enfin des prisonniers de guerre. Ils sont actuellement inutilisables.

ADMINISTRATION

1° *Pavillon de l'entrée :* comprend au rez-de-chaussée : un poste de garde ; le bureau d'arraisonnement, un préau d'école, le bureau télégraphique et téléphonique avec appartements du garde, deux appartements pour gardes, l'école, une salle de police servant de magasin ;

2° *Pavillon des fonctionnaires :* comprend un rez-de-chaussée et un premier étage dans lesquels se trouvent le logement du directeur, le logement d'un médecin, le logement d'un officier, le logement de l'institutrice et le logement d'un garde ;

3° *Pavillon des services généraux :* comprend un rez-de-chaussée dans lequel se trouve une lingerie, la pharmacie, le logement du restaurateur, le restaurant, les cuisines, cantine, four à boulanger et buanderie.

Le premier étage comprend un salon et 18 chambres dont 12 en mauvais état.

Dans les combles sont aménagés les logements pour le personnel du restaurant.

Pavillons pour Passagers.

4° *Pavillon Fauvel* (1re classe). Le pavillon Fauvel comprend : au rez-de-chaussée, 28 chambres à un lit et deux chambres à 2 lits, logement du garde (chambre et cuisine). Au premier étage 28 chambres à un lit et 2 chambres à deux lits. Dans les combles se trouvent les logements pour les domestiques des passagers de première classe ;

5° *Pavillon des Dames.* — Ce pavillon est affecté au service de l'infirmerie ;

6° *Pavillon Blache* (passagers de 3e classe). Le rez-de-chaussée et le premier étage comprennent quatre grandes salles pouvant contenir 20 lits chacune, soit 80 lits. Au rez-de-chaussée, une cuisine et une chambre pour le garde ; au premier étage : un salon et une chambre ;

7° *Pavillon Meslier.* — Même disposition que le précédent ;

8° *Chapelle ;*

9° *Pavillon des Pyramides ;*

10° *Hangar moyen.* — Cet hangar peut contenir 500 lits. Une partie est affectée à l'atelier et au matériel de menuiserie ;

11° *Petit Hangar.* — A été installé pendant la guerre pour servir de cuisine et de réfectoire. Une étuve y est installée mais la chaudière est hors d'usage.

Navires ayant mouillés au Frioul depuis 1910 pour cause de Peste, Choléra et Typhus

Cas N° 9

1910. — 1 navire de Bombay : 4 cas ;

1 navire de Bombay : 1 cas ;

1 navire d'Algérie : 1 cas non confirmé.

1911. — 5 navires : 5 cas non confirmés.
1912. — 1 navire : 1 cas non confirmé.
1914. — 1 cas (ville), provenant d'Oran, non retenu ;
      37 cas retenus, provenant de Dakar, non confirmés.
1916. — 1 cas sur navire dans le port (venu d'Extrême-Orient),
      isolé au Frioul : rats infectés ;
      1 navire venant d'Oran : 1 cas ;
      1 navire venant de Salonique : rats infectés ;
      1 cas en ville provenant d'Oran : non retenu.
1919. — 4 cas sur navire provenant de Bombay.
1920. — 3 cas sur navire provenant d'Alger.
1921. — Le navire *Sobral* pour dératisation et désinfection de tous
      les locaux.
1922. — Le navire *Dumbea* pour observation : dératisation et
      désinfection.

Suspects de N° 8 et N° 2

Arrivée des Serbes

1916. — Dans le courant de cette année, 52 navires mouillèrent au Frioul ; il se fit 21.333 opérations (épouillages, douches et prélèvement.)

Neuf cent soixante-quinze malades y furent internés parmi lesquels trente décès se produisirent.

« Pendant la même période 5.209 militaires ont subi le même traitement par l'autorité militaire française ; à Marseille, et 4.703 coolies au camp de Mirabeau par l'autorité anglaise ».

Typhus (N° 2)

Au Frioul

1918. — L'ordre est donné aux navires de s'arrêter au Frioul.

Le *Maréchal-Galliéni* ayant été attaqué à la torpille, la mesure est rapportée. L'épouillage et la désinfection des troupes se font au camp du Prado, sous la surveillance de l'autorité militaire.

1919 (*Janvier*). — Le *Carol*, sur lequel deux cas de typhus ont été signalés, a dû s'arrêter au Frioul. Ce navire a été libéré après une visite médicale des plus minutieuses.

2 *février*. — Le 2 février, le *Dugay-Trouin* s'arrête au Frioul.

Pendant la nuit du 2 au 3, l'équipage a été logé dans les pavillons *Meslier* et *Blache*. L'État-Major dans le pavillon *Fauvel* et sept malades dans le pavillon *des Dames*.

Ce navire reprend la mer le lendemain pour Toulon avec 190 hommes d'équipage et 350 malades ; les 595 passagers valides sont dirigés, par les soins de l'autorité militaire, à *Puget-sur-Argens* ; les sept malades alités, sur les hôpitaux militaires.

27 *mars*. — L'*Austria*, sur lequel un cas de typhus est signalé, s'arrête au Frioul. Les passagers contraignent le pilote à rentrer à Marseille. Ce navire s'est arrêté à la grande Jetée et les 3.500 militaires ont débarqué sans autres formalités.

1921. — En 1921, dix navires ont laissé aux étuves 2.108 émigrants qui ont été libérés après douchage et étuvage de leurs effets.

Le *Cherconèse* amène des Russes de l'Armée Wrangel qui ont été libérés après les mêmes opérations.

Enfin, les Russes venant de Rio-de-Janeiro sur le navire *Provence* ont été également libérés après douchage, épouillage et étuvage de leurs effets.

Emigrants

1921 A 1922. — En 1921 et 1922, sur la demande des compagnies de navigation, 4.439 émigrants ont été douchés et épouillés avant leur embarquement pour l'Amérique.

« Tout ce que nous venons de dire concernant le Frioul est le résumé d'une étude faite sur le Frioul par M. le docteur Ribot, actuellement Directeur du Service de Santé maritime à Marseille. »

QUELQUES NOTES SUR LE FRIOUL
DUES A L'OBLIGEANCE DE M. LE DOCTEUR GILLET
MEDECIN DE LA SANTE

1900. — Arrêt obligatoire au Frioul de tous les navires provenant de la Méditerranée orientale transitant par le Canal de Suez ou arrivant de la Côte occidentale d'Afrique.

Visite médicale et désinfection de tout le linge sale, soit à l'étuve du bord, soit à l'étuve du lazaret.

De mai à décembre, trois médecins en permanence au Frioul : MM. les docteurs *Lochelongue, Castelli* et *Gillet.*

En juillet : quarantaine du vapeur *Niger*, des Messageries Maritimes, avec deux cas de peste bubonique dont un se produisit chez le docteur du bord. Ces deux cas ont été soignés à l'hôpital de Ratoneau par MM. les docteurs *Gauthier* et *Jacques.*

1901. — Du 7 juillet 1901 au 3 janvier 1902, le service du lazaret est assuré par MM. les docteurs *Galletti* et *Castelli*. A cette date du 7 juillet se présente le vapeur *Laos* (Messageries Maritimes), avec une quinzaine de pesteux ; au bout de cinq jours, le chiffre total est de vingt-deux. Ce navire provenait d'Extrême-Orient. Puis se présentent successivement au Frioul :

Le *Sénégal* (Messageries Maritimes), à bord duquel se trouvait *M. Poincaré*, dont la croisière organisée par la *Revue des Sciences*, fut interrompue à Ajaccio après le départ de Marseille ;

Le *Szapary* (vapeur autrichien), venant de Fiume: deux malades;

La *Ville de La Ciotat* (Messageries Maritimes), venant d'Australie : un malade ;

Le *Peninsular* (vapeur anglais), venant de Bombay : deux malades ;

Le *Peï-Ho* (Messageries Maritimes), venant de Crète : un malade.

Pendant cette période, ces malades ont été soignés à l'hôpital de

Ratoneau par M. le docteur *Gillet* et M. *Pélissier*, alors interne des hôpitaux.

1902. — Du 19 juin au 31 juillet, un pesteux fut soigné au Frioul. Ce malade provenait du vapeur *Espagne* (Société Générale des Transports Maritimes), venant du Brésil. Le médecin du bord était alors M. le docteur *Dupuy* qui fut, par la suite, Directeur de la Santé.

1905. — Du 16 décembre au 8 janvier 1906, un nouveau pesteux, débarqué par le vapeur *Ville-de-La-Ciotat* (Messageries Maritimes), venant d'Australie, reçoit les soins du docteur Gillet.

1914. — De septembre à fin décembre, les malades provenant des premiers convois de Tirailleurs sénagalais, dont la plupart sont atteints de bronchite ou de bronchopneumonie, reçoivent les soins de MM. les docteurs Gillet et Galetti, alors médecin-chef du Frioul.

Enfin, de janvier 1916 à fin novembre 1919, M. le docteur *Joubin*, médecin de la Santé, est attaché au lazaret du Frioul comme médecin-chef. (*Le poste de médecin-chef du Frioul fut supprimé le 1er décembre* 1919.)

Etat actuel du lazaret du Frioul

Le lazaret du Frioul a beaucoup souffert pendant la guerre. Il y aurait nécessité d'y effectuer des travaux urgents d'entretien et de réparations.

Les bâtiments du Frioul ne répondent plus aux nécessités de l'hygiène moderne. L'eau n'y circule pas ; le chauffage est rudimentaire ; l'éclairage se fait à la lampe ou à la bougie.

Les bâtiments, *bains-douches*, si utiles pour la prophylaxie, sont dans un état lamentable. Les services d'eau sont insuffisants.

Plus le temps passe, plus les dégâts s'aggravent. De cet état de choses, il résulte que de sérieuses réparations s'imposent dans le plus bref délai possible ; car, si un jour venait où il faille imposer des quarantaines ou y traiter des maladies, le Frioul ne serait plus en état de faire face à un besoin qui pourrait se produire d'un moment à l'autre.

Cette mise en état du Frioul a été demandée à l'Administration à maintes reprises ; mais, jusqu'à présent, faute de crédits d'entretien, il n'a pu être donné suite à ces réclamations.

CHAPITRE VI

DERATISATION ET DESINFECTION DES NAVIRES

Dératisation

La dératisation des navires est une opération qui consiste à détruire les rats dans tous les locaux du bord pouvant être hermétiquement clos.

La dératisation ne devrait jamais être pratiquée à quai ; elle devrait se faire en rade ou dans le port, à une *grande distance* des quais, si l'état de la mer peut faire courir des risques au personnel et au matériel. Toutes les embarcations et chalands doivent être éloignés du navire pendant la dératisation. Les appareils destinés à la dératisation peuvent se diviser en deux groupes :

COMBUSTION DU SOUFRE

1° *Appareil* CLAYTON. — Le procédé Clayton a été approuvé par le Comité consultatif d'hygiène de France, dans sa séance du 11 mai 1903 ;

2° *Appareil* GAUTHIER-DECLOS. — Cet appareil avait été approuvé par le Comité consultatif d'hygiène le 18 février 1907 ; il a été retiré comme contrefaçon du système *Clayton* et ne doit plus être employé ;

3° *Appareil* BLANC. — Il en existe deux modèles : le premier fut adopté le 26 avril 1909 sur le rapport de MM. *Bonjean* et *Dimitri* ; le second appareil fut adopté le 7 mars 1910 sur le rapport de MM. *Bonjean* et *Dimitri* également ; dans ce second appareil, le procédé repose sur l'utilisation des produits de la combustion du soufre et principalement sur l'application d'un dispositif spécial destiné à produire un gaz (*gaz Blanc*), pratiquement exempt d'anhydride sulfurique dans le but de réduire à son minimum l'altération des marchandises.

ACIDE SULFUREUX LIQUIDE

1° *Appareil* MAROT. — Le procédé *Marot* a été approuvé par le Comité consultatif d'hygiène le 19 juin 1905 sur le rapport de MM. *Wurtz* et *Bonjean*. Il est encore en usage dans certains ports.

2° *Appareil* BAUDRY, dénommé *Sulfurator Baudry* : Cet appareil a été adopté le 9 décembre 1905 d'après le rapport de MM. *Bonjean* et du docteur *Thierry*, sur présentation de M. *L. Baudry*.

GAZ : ACIDE CYANHYDRIQUE

D'autres procédés de dératisation et de désinfection des navires ont été également mis à l'étude ; notamment au moyen du gaz *acide cyanhydrique*.

Dans le courant de l'année 1922, des expériences ont été faites à Marseille pour expérimenter l'emploi de ce gaz pour la destruction des rats à bord des navires.

Au sujet de son emploi, M. *Ed. Bonjean* s'exprime ainsi :

EXTRAIT DU RAPPORT DE M. ED. BONJEAN, CHEF DU LABORATOIRE ET MEMBRE DU CONSEIL SUPÉRIEUR D'HYGIÈNE, SUR L'EMPLOI DE L'ACIDE CYANHYDRIQUE POUR LA DESTRUCTION DES RATS, DES PARASITES ET DES INSECTES, PARU DANS LA « REVUE D'HYGIÈNE » (AOUT 1922).

« Depuis quelques années, surtout dans certains pays étrangers, notamment aux États-Unis, en Italie, en Allemagne, on a préconisé l'acide cyanhydrique pour la destruction des rats, insectes et parasites, non seulement pour la prophylaxie sanitaire maritime, mais encore pour les maisons, hôtels, logements, etc.

« L'acide cyanhydrique est d'une puissance toxique formidable qui assure la mort de tout être animal avec des doses excessivement faibles ;

« Pour son application dans la dératisation on l'utilise sous forme de gaz dégagé par l'action de l'acide sulfurique sur le cyanure de sodium.

« Une aspiration d'acide cyanhydrique gazeux dans une atmosphère riche en gaz, peut provoquer une mort foudroyante.

« D'après les observations, les rats qui ont respiré UN *centième de milligramme de gaz cyanhydrique dans un atmosphère renfermant environ deux grammes d'HCAz par mètre-cube, sont foudroyés.*

« Malheureusement, les propriétés excessivement toxiques de l'acide cyanhydrique, qui constituent un danger formidable pour tout être humain, ont fait abandonner son utilisation.

« Des expériences ont eu lieu à Marseille au cours de l'année 1922, à bord des vapeurs ARCTURUS *et* CIRCASSIE, *de la Compagnie Paquet, en présence de* M. BONJEAN, *de* M. LE Dr RIBOT, *Directeur de la Santé, de* M. LE Dr PRINGAULT, *médecin de la Santé, de* M. ROUME, *Secrétaire général du Service de Santé, de* M. LE CAPITAINE VOITOT, *chargé du Service de la dératisation maritime, de* M. ROUBAUD, *Chef du Service municipal de la dératisation, de* M. ARNAULT, *garde principal affecté au Service du laboratoire de la Santé.*

« Deux procédés ont été expérimentés :

*« PROCÉDÉ V. — A bord de l'*ARCTURUS, *sous la direction des représentants et par des opérateurs italiens de la Société V.*

« L'appareil, très simple, se compose de DEUX *parties :*

« 1" D'une cuve en bois, doublée intérieurement de plomb dans

laquelle s'effectue la réaction produisant et dégageant l'acide cyanhydrique.

« On verse dans cette cuve un volume déterminé d'acide sulfurique et d'eau ;

« 2° D'un récipient en bois accroché à la cuve ci-dessus en dehors et armé d'un dispositif à bascule qui permet de le renverser à l'intérieur de la cuve au moyen d'une ficelle tirée de loin.

« Dans le récipient extérieur on a disposé la quantité voulue de cyanure de sodium et lorsque l'opération est prête, de loin on tire la ficelle et fait basculer le cyanure dans l'acide sulfurique.

« Il se produit une vive réaction avec mise en liberté d'acide cyanhydrique et de vapeur d'eau.

« La dose employée est de 3 grammes de cyanure de sodium par mètre^3 de cale vide, ce qui correspond théoriquement à 1 gr. 65 d'acide cyanhydrique par mètre^2 d'air.

« A signaler la manipulation défectueuse du cyanure, l'ouverture des caisses soudées, le concassage à l'aide d'un ciseau et d'un marteau qui projette des morceaux de cyanure sur le pont, et des fragments qui peuvent même sauter dans les yeux, le nez, la bouche non protégés.

« PROCÉDÉ L. — Expérimenté à Marseille à bord du vapeur CIRCASSIE ; opérations effectuées en présence des représentants et du directeur technique de la Société L.

« L'appareil présenté par la Société L est le générateur G.

« Il comprend :

« 1° Une cuve en bois de forme rectangulaire dont l'intérieur doit être doublé de plomb ;

« Un tuyau de remplissage muni à l'extérieur, d'une fermeture métallique à vis est appliqué sur un des côtés de la caisse et sert à l'introduction de l'eau et de l'acide sulfurique dans la caisse ;

« 2° Une boîte en bois avec dispositif à renversement est disposée à l'intérieur de la cuve ci-dessus. Dans cette boîte on dispose le cyanure de sodium ; une corde attachée à cette boîte et traversant l'appareil permet d'assurer le renversement ;

« 3° Un couvercle en bois présente un dispositif de circulation et d'épuration des gaz dans une galerie en forme de couloir destinée à renfermer des substances filtrantes et ajourée de façon à permettre l'entrée et la sortie des gaz ;

« 4° Une ceinture extérieure à galerie qui s'applique au couvercle, reçoit un tuyau de caoutchouc destiné à canaliser le gaz acide cyanhydrique depuis la sortie de l'appareil jusqu'au local à dératiser.

« Enfin une pompe, analogue à celle servant à gonfler les pneumatiques des roues, s'applique à l'appareil dans le but de reflouer le gaz cyanhydrique dans le local.

« A noter que dans l'expérience qui a été faite, la cuve employée par les opérateurs italiens était en zinc qui, bien entendu, avait été attaquée par l'acide sulfurique et qu'il s'était produit du sulfate de zinc avec dégagement d'hydrogène.

« *Dans cette opération, l'opérateur avait été prévenu de se retirer immédiatement à cause du danger. Ce dernier n'en tenant pas compte, fut atteint d'un commencement d'asphyxie qui aurait entraîné sa mort si toutes les précautions n'avaient pas été prises :* RESPIRATION D'OXYGÈNE ET VENTILATION.

« *Il est certain que la puissance toxique du pouvoir destructeur des rats et des insectes est indiscutable ; la question en jeu est de savoir si les procédés et les appareils permettent l'emploi du gaz cyanhydrique dans des conditions telles que la dératisation puisse être effectuée pratiquement sans présenter de trop graves inconvénients pour la vie humaine.*

« *Il ne faut pas oublier qu'il suffit de passer devant un local chargé d'acide cyanhydrique et d'y respirer au moment où on ouvre la fenêtre pour tomber, si non mortellement, tout au moins sévèrement touché.*

« *Des faits de cet ordre ont été observés ; il ne peut en être autrement du reste, en raison des propriétés excessivement toxiques de l'acide cyanhydrique gazeux.*

« *Au sujet de l'emploi du gaz acide cyanhydrique pour la dératisation,* M. LE Dʳ RIBOT, *directeur du Service de Santé maritime de la circonscription de Marseille, a attiré l'attention sur l'intérêt que présenterait la création d'une station sanitaire et centre d'hébergement de passagers à l'orée du port de la Joliette afin de pouvoir évacuer le navire pendant les opérations.*

« *Cette organisation serait, j'oserai dire, urgente dans le cas où la dératisation s'effectuerait au moyen du gaz acide cyanhydrique.*

« *Le Conseil supérieur d'hygiène publique de France a conclu que l'acide cyanhydrique ne doit être utilisé* QU'EN CERTAINS CAS TRÈS PARTICULIERS LORSQU'ON PEUT ÊTRE ABSOLUMENT ET CERTAINEMENT MAITRE DE TOUTES LES CIRCONSTANCES. »

En résumé, quoique ces expériences aient donné d'excellents résultats au point de vue de la destruction des rats et des insectes qui avaient été déposés dans les cales de ces navires pour cette expérience, ce procédé a été abandonné, pour le moment du moins, en raison des dangers auxquels il exposerait le personnel affecté à ce service et à cause de la longue aération obligatoire après une dératisation ou une désinfection à l'aide du gaz acide cyanhydrique.

ACIDE SULFUREUX LIQUIDE
PROCÉDÉ SIC DU MIDI

Un nouveau procédé de dératisation présenté par la Société dite « *Sic du Midi* », a été exprimenté les 10 et 13 février 1923 à bord du vapeur *Mongibello*, en présence de *M. Lormand*, délégué de M. le Ministre de l'Hygiène, et de M. le Dʳ Ribot, Directeur de la Santé, à Marseille.

Ce procédé consiste dans la pulvérisation de l'acide sulfureux liquide.

L'acide sulfureux contenu dans des cylindres métalliques sous pression est envoyé dans les cales des navires au moyen de tuyautages souples à l'extrémité desquels se trouve un pulvérisateur d'un dispositif spécial.

Ces expériences ont donné d'excellents résultats au point de vue de la destruction des rongeurs et de leurs parasites.

La Société « Sic du Midi » qui vient d'obtenir l'autorisation officielle du Conseil supérieur d'hygiène publique de France, compte sous peu de jours, mettre en exploitation ce procédé qui offrirait les avantages suivants : appareils peu coûteux ; facilités de transport des dits appareils ; peu de main-d'œuvre ; rapidité de l'opération et contrôle sûr de la quantité d'acide sulfureux employé.

OBSERVATIONS

En résumé, quels que soient les procédés employés pour la destruction des rats et des insectes, il faut conclure que :

L'OXYDE DE CARBONE et L'ACIDE CARBONIQUE tuent les rats ;

L'ACIDE CYANHYDRIQUE tue rats et insectes ;

L'ACIDE et L'ANHYDRIDE SULFUREUX tuent rats, insectes ; et, *en concentration suffisante, bacilles de la peste* et microbes.

Le Service de la dératisation créé par le décret du 21 septembre 1903 n'entra réellement en fonction à Marseille qu'à la suite du décret du 4 mai 1906.

Au mois de mai 1907, M. Voitot, aujourd'hui capitaine de la Santé, fut envoyé à Marseille pour être mis à la tête des services de désinfection et de dératisation.

A son arrivée à Marseille, le service du port ne disposait que d'un appareil Marot, insuffisant pour y assurer le service.

Peu à peu le matériel augmenta, toute en réduisant la durée des opérations qui passent de 250 en 1907, à 650 en 1913 et à 1.032 en 1921.

Le port de Marseille dispose actuellement de douze appareils : (Clayton et Blanc) ; mais dans quelques temps, la dératisation par le procédé *Sic du Midi*, dont nous venons de parler, sera mise en pratique.

Assainissement et Désinfection

L'assainissement et la désinfection d'un navire portent : sur les locaux habités principalement par l'équipage, les chauffeurs, les émigrants, les passagers de pont ; les water-closets ; les poulaines, les souillardes ; les magasins ; les parcs à bestiaux ; les cages à poules.

L'assainissement et la désinfection d'un navire se font à l'aide des solutions suivantes recommandées par le Conseil supérieur d'hygiène publique de France :

1° *Solution de crésyl à 5 %* :

Verser 50 grammes de crésyl par litre d'eau douce ;

2° *Solution de sulfate de cuivre à 5 % :*
Faire dissoudre 50 grammes de sulfate de cuivre par litre d'eau douce ;

3° *Solution de chlorure de chaux à 5 % :*
Faire dissoudre 50 grammes de chlorure de chaux par litre d'eau douce. Cette solution doit être préparée immédiatement avant l'emploi ;

4° *Solution de sublimé corrosif à 1 0/00 :*
Faire dissoudre 1 gramme de sublimé corrosif par litre d'eau de mer. Cette solution ne sera employée que pour la désinfection des mains ;

5° *Lait de chaux fraîchement préparé à 20 % :*
Pour avoir un lait de chaux actif, on prend de la chaux de bonne qualité, on la fait déliter en l'arrosant petit à petit avec la moitié de son poids d'eau. Quand la délitescence est effectuée, on met la poudre dans un récipient soigneusement bouché et placé dans un endroit sec. Comme un kilogramme de chaux qui a absorbé 500 grammes d'eau pour se déliter, a acquis un volume de 2 litres 200, il suffit de le délayer dans le double de son volume d'eau, soit 4 litres 400, pour avoir un lait de chaux qui soit environ à 20 % ;

6° *Solution de Lusoforme brut à 5 % :*
Employer 50 grammes de Lusoforme par litre d'eau douce ;

7° *Eau de Javel ;*

8° *Solution de Formol :*
Ajouter 40 cm³ de solution de formol du commerce par litre d'eau douce.

« *Les solutions désinfectantes n'agiront avec efficacité que si les objets à désinfecter ont avec elles un contact suffisamment prolongé.* »

A Marseille, cette désinfection se fait au moyen de l'appareil *Vermorel.*

Les parquets sont arrosés soit d'une solution de sulfate de cuivre, soit d'une solution de chlorure de chaux.

Les caisses d'alimentation sont évacuées et les récipients désinfectées au moyen d'une solution de permanganate de potasse ou d'eau de Javel.

La désinfection des eaux de cales se fait au moyen d'une solution de sulfate de cuivre, ou de sulfate de zinc ou encore de chlorure de chaux.

L'assainissement des cabines se fait au moyen de pulvérisation de crésyl ou de fumigations de formol (*Fumigator Gonin*).

La désinfection du linge est opérée au moyen de l'étuve à désinfection : *Genest* et *Hercher*, par l'action de la vapeur sous une pression de *sept* kilogs avec une température de 115° à l'intérieur de l'étuve.

CHAPITRE VII

NOTIONS GENERALES
SUR LE SERVICE SANITAIRE MARITIME
EN FRANCE ET EN ALGERIE

Le Service sanitaire maritime en France et en Algérie relève du Ministère de l'Hygiène, de l'Assistance et de la Prévoyance sociales.

Ce service est actuellement réglementé par le décret du 26 novembre 1921 sur la police sanitaire des ports.

Le choléra, la fièvre jaune, la peste, ainsi que les autres maladies transmissibles et importables par voie de mer déterminent en France et en Algérie l'application de mesures sanitaires permanentes

AUTORITÉS SANITAIRES. — La police sanitaire du littoral est exercée par des agents relevant directement du Ministre de l'Hygiène, de l'Assistance et de la Prévoyance sociales pour la France, et du Gouverneur général pour l'Algérie.

Le littoral est divisé en *sept* circonscriptions sanitaires en France et *trois* en Algérie, suivant le tableau ci-dessous :

FRANCE

1re Circonscription :

Nord.................................... Direction : Dunkerque
Pas-de-Calais ....   »   »

2° Circonscription :

Somme .... Direction : Le Havre
Seine-Inférieure ....   »   »
Eure ....   »   »
Calvados ....   »   »
Manche ....   »   »

3° Circonscription :

Ile-et-Vilaine .... Direction : Brest
Côtes-du-Nord ....   »   »
Finistère ....   »   »

4° Circonscription :

Morbihan .... Direction : St-Nazaire
Loire-Inférieure ....   »   »
Vendée ....   »   »

5ᵉ Circonscription :

Charente-Inférieure	Direction : Pauillac	
Ile-de-Ré	»	»
Gironde	»	»
Landes	»	»
Basses-Pyrénées	»	»

6ᵉ Circonscription :

Pyrénées-Orientales	Direction : Marseille	
Aude	»	»
Hérault	»	»
Gard	»	»
Bouches-du-Rhône	»	»
Var	»	»

Ancienne 7ᵉ Circonscription rattachée à la 6ᵉ Circonscription :

Alpes-Maritimes	»	»
Corse	Direction : Ajaccio	

ALGÉRIE

1ʳᵉ Circonscription :

Oran .... Direction : Oran

2ᵉ Circonscription :

Alger .... Direction : Alger

3ᵉ Circonscription :

Constantine .... Direct. : Constantine

Chacune de ces circonscriptions est divisée en *agences* (agences principales et agences ordinaires).

Le nombre et l'étendue des circonscriptions et des agences sont déterminées par le Ministre de l'Hygiène.

Pour l'Algérie les circonscriptions et les agences sont déterminées par le Gouverneur général de l'Algérie. A la tête de chaque circonscription est placé :

Un directeur de la Santé (docteur en médecine) qui a sous ses ordres :

Des agents principaux ;
Des agents ordinaires ;
Des sous-agents.

Une direction comprend ensuite :

1° Un personnel d'officiers, d'employés et de gardes ;
2° Un ou plusieurs médecins qui prennent le titre de *médecins de la Santé*.

En vue des inspections et des interrogatoires sanitaires auxquels ils procèdent et des procès verbaux de contravention qu'ils peuvent avoir à dresser, les directeurs, agents principaux, médecins, capitaines et lieutenants de la Santé prêtent serment lors de leur entrée en fonctions devant le Tribunal Civil de la résidence à laquelle ils sont initialement affectés.

Le directeur de la Santé est chargé d'assurer dans sa circonscription, l'application des règlements sur la police sanitaire maritime et délivre ou vise les patentes de santé pour le port de sa résidence.

MESURES A L'ARRIVÉE. — Tout navire abordant un port de France ou de l'Algérie est tenu à remplir certaines formalités qui relèvent du service sanitaire maritime. Ces mesures sont :

La reconnaissance ;
L'arraisonnement ;
La visite médicale ;
La désinfection ;
La dératisation ;
La quarantaine (s'il y a lieu).

PATENTE DE SANTÉ. — Tout navire qui se présente dans un port de France ou d'Algérie doit être muni d'une patente de santé.

Il ne doit avoir qu'une seule patente de santé par voyage du port de départ au port de destination extrême.

La patente de santé est un document qui a pour objet :

1° De faire connaître l'état sanitaire des pays de provenance et d'escale, particulièrement l'existence ou la non existence dans ces pays des maladies pestilentielles exotiques telles que le choléra, la peste, la fièvre jaune ;

2° De mentionner tous renseignements de nature à éclairer au point de vue sanitaire les autorités des ports sur les mesures de prophylaxie applicables au navire intéressé.

Le capitaine d'un navire ne doit en aucun cas se déssaisir de sa patente de santé.

La patente de santé est *nette* ou *brute*.

Nette : lorsqu'elle constate l'absence de toute maladie pestilentielle dans la ou les circonscriptions d'où vient le navire.

Brute : quand la présence d'une maladie de cette nature y est constatée.

RECONNAISSANCE. — Tout navire qui arrive dans un port de France ou d'Algérie doit avant toute communication avec la terre être *reconnu* par l'Autorité Sanitaire. Cette opération a pour objet de constater la provenance du navire et les conditions sanitaires dans lesquelles il se présente.

ARRAISONNEMENT. — Lorsqu'un navire se présente pour subir les formalités de la reconnaissance, si ce navire arrive d'un port considéré comme suspect ou contaminé ou s'il y a un malade à bord, la reconnaissance du navire fait l'objet d'un examen plus approfondi ; dans ce cas la formalité de la reconnaissance prend nom d'arraisonnement.

L'arraisonnement entraîne avec lui l'obligation de la visite médicale.

VISITE MÉDICALE. — La visite médicale est effectuée à bord par le médecin de la Santé qui s'enquiert d'abord soit auprès du médecin du bord, soit auprès du commandant des incidents sanitaires qui ont pu se passer pendant la traversée et de l'état de santé du personnel et des passagers.

Le médecin de la Santé procède ensuite à la visite du personnel de l'équipage, et à celle des passagers : son attention se portant particulièrement sur les hommes de l'équipage indigènes plus sujets aux maladies exotiques que les Européens, et sur les passagers de pont ou émigrants dont l'état de propreté laisse souvent à désirer.

S'il y a des malades à bord, de concert avec le médecin du bord, le médecin de la Santé les examine et si ces malades ne présentent aucunes des maladies qui entraînent la mise en quarantaine du navire, le navire est considéré comme indemne et la libre pratique lui est accordée.

NAVIRE INDEMNE. — Un navire est considéré comme *indemne* bien que venant d'une circonscription contaminée s'il n'y a eu ni décès, ni cas de maladie pestilentielle à bord soit avant le départ, soit pendant la traversée, soit au moment de l'arrivée.

NAVIRE SUSPECT. — Est considéré comme suspect le navire à bord duquel il y a eu un ou plusieurs cas suspects ou confirmés au moment du départ ou pendant la traversée mais aucun cas nouveau de choléra depuis *sept* jours, de fièvre jaune ou de peste depuis *neuf* jours.

Le navire est également considéré comme suspect s'il arrive en patente brute de choléra, de fièvre jaune ou de peste n'ayant pas le nombre de jours suffisants de traversée depuis son départ du port contaminé.

NAVIRE INFECTÉ. — Un navire est considéré comme infecté quand il présente à bord un ou plusieurs cas suspects ou confirmés d'une maladie pestilentielle ou qui en aura présenté, pour le choléra depuis moins de *sept* jours, pour la fièvre jaune et la peste depuis moins de *neuf* jours.

LIBRE PRATIQUE

LIBRE PRATIQUE. — Dès qu'un navire a rempli les formalités dont nous avons parlé plus haut, c'est-à-dire les formalités de la reconnaissance et de l'arraisonnement avec visite médicale s'il y a lieu, si le navire est considéré comme indemne les hommes de l'équipage et les passagers sont autorisés à communiquer avec la terre. Cette autorisation de communiquer avec la terre constitue : *La libre pratique.*

Toutefois, lorsqu'un navire vient d'un port contaminé et qu'il n'a pas le nombre de jours de traversée réglementaire depuis le jour de son départ jusqu'à celui de son arrivée ou que certaines maladies transmissibles telles que le typhus exanthématique, la variole, par exemple, auront été constatées soit au port de départ soit en cours de route, en plus de toutes les mesures d'hygiène et de désinfection qui seront prises par l'autorité sanitaire, les hommes de l'équipage resteront sous la surveillance des autorités sanitaires du port et les passagers ne seront autorisés à débarquer que munis d'un passeport sanitaire.

PASSEPORT SANITAIRE. — Le passeport sanitaire est un document qui est remis aux passagers d'un navire indiquant la localité d'où ils viennent et celle où ils se rendent lorsque ces passagers viennent d'un pays ou d'un navire contaminé ou suspect.

L'autorité sanitaire donne en même temps avis, au maire de la commune où ils se rendent, de la délivrance du dit passeport et attire son attention sur la nécessité de surveiller les dits passagers au point de vue sanitaire jusqu'à l'expiration des délais de jours prescrits par les règlements suivant les maladies qui ont déterminé la délivrance du passeport sanitaire.

Au sujet de la délivrance des passeports sanitaires les articles 118 et 119 du règlement du 26 novembre 1921 sont ainsi conçus :

ART. 118. — Lorsque des passagers présentant au moment de l'arrivée du navire un état sanitaire satisfaisant peuvent être suspectés de se trouver en état d'incubation d'une affection transmissible et dans *la mesure où ces pasaagers peuvent être suivis par l'autorité administrative*, il leur est délivré par les soins du Service Sanitaire Maritime un passeport sanitaire individuel ou familial. Celui-ci doit être présenté par eux au bureau municipal d'hygiène ou à défaut du bureau d'hygiène à la mairie du lieu de leur destination, le jour même de leur arrivée au dit lieu.

En même temps qu'elle délivre le passeport sanitaire aux intéressés, l'administration sanitaire maritime adresse, sous le couvert du maire, au directeur du bureau municipal d'hygiène du lieu de leur destination ou, à défaut, de bureau municipal d'hygiène, au maire lui-même un avis confidentiel en vue du contrôle médical à exercer sur les assujettis pendant la durée prévue sur le passeport sanitaire.

ART. 119. — L'autorité sanitaire veillera :

1° A ce que la délivrance des passeports sanitaires n'ait lieu que dans les cas où elle est absolument justifiée ;

2° A ce que le passeport sanitaire ne soit remis qu'à des personnes justifiant de leur identité et donnant sur le lieu de leur destination des indications précises et sûres ;

3° Le régime du passeport sanitaire ne sera pas appliqué aux émigrants, pèlerins ou autres voyageurs que l'autorité sanitaire maritime estimerait prudent de maintenir en observation pendant la durée de la période d'incubation de la maladie redoutée.

4° Lorsque le navire a transporté des militaires ayant nécessité une surveillance spéciale, l'autorité sanitaire adressera, *dès l'arrivée au port et avant le débarquement*, tous les renseignements utiles au service de santé militaire local.

L'autorité militaire locale fournira, de son côté, au service sanitaire maritime toutes les indications utiles qu'elle posséderait sur ces militaires. (Voir à la fin de ce chapitre le modèle de l'avis, en *quatre langues, réglementant la délivrance des passeports sanitaires*.)

DÉSINFECTION. — Tout navire qui arrive dans un port de France ou d'Algérie est soumis à des mesures d'assainissement et de désinfection dont l'étendue est subordonnée à l'état sanitaire du pays d'où il provient et à l'état de propreté des locaux qui ont été occupés par le personnel de l'équipage et par les passagers.

C'est ainsi que les postes de l'équipage, les faux ponts, les salles d'hôpitaux, les water-closets, etc., seront soumis à de grands lavages avec de l'eau additionnée : soit d'une solution d'hypochlorite de chaux (eau de Javelle), soit de Cresil.

Les linges de corps, hardes, vêtements portés ; objets de literie seront également désinfectés ; une attention toute particulière sera portée à l'application de ces mesures, s'il s'est produit pendant la traversée des cas de maladies transmissibles.

DÉRATISATION. — La destruction des rats ou *dératisation* est pratiquée au moyen d'appareils dont l'efficacité a été reconnue par le Conseil Supérieur d'hygiène publique de France.

Les ports munis d'appareils de dératisation sont seuls ouverts aux provenances des pays considérés comme contaminés de peste.

Elle est obligatoire :

1° Pour tout navire provenant d'un port considéré comme contaminé de peste ou y ayant fait escale ;

2° Pour tout navire ayant pris en transbordement c'est-à-dire de bord à bord plus de cinquante tonnes de marchandises provenant directement d'un pays considéré comme contaminé de peste.

Pourront être *dispensés* de la dératisation :

1° Les navires qui se bornent à déposer des passagers dans un port français, sans accoster, et n'y faisant qu'un séjour de quelques heures ;

2° Les navires y faisant une escale de moins de douze heures et laissant moins de 500 tonnes de marchandises débarquées *d'une même cale*.

3° Les navires qui n'auraient touché aucun port considéré comme contaminé de peste pendant soixante jours depuis leur départ du dernier port contaminé et à bord desquels n'aurait été observé aucun fait sanitaire de nature suspecte :

4° Les navires qui auraient subi la dératisation dans un port étranger depuis leur départ du dernier port considéré comme contaminé, dans ce cas, il devra être justifié 1° qu'aucun fait sanitaire suspect ne s'est produit à bord pendant la traversée ; 2° que la dératisation a été effectuée avec les mêmes appareils et les mêmes garanties qu'en France. En l'occurence le commandant devra être en possession d'un certificat mentionnant l'appareil employé, les conditions de l'opération et les constatations faites. Ce certificat devra être visé par l'autorité consulaire.

(Se reporter au chapitre désinfection et dératisation.)

La Quarantaine. — La quarantaine est une mesure d'isolement à laquelle sont soumis les navires ainsi que leurs passagers lorsqu'ils arrivent dans un port, soit ayant à bord des malades atteints de maladies pestilentielles exotiques, soit qu'ils soient en provenance de pays considérés comme contaminés par ces dites maladies et qu'ils n'ont pas le nombre de jours de traversée exigé par les règlements depuis leur jour de départ du port contaminé et celui de leur arrivée.

Etablissements sanitaires. — Les établissements du service sanitaire maritime sont, en dehors des locaux administratifs proprement dits : les *Lazarets* et les *Stations sanitaires*.

Lazarets. — Les lazarets sont des établissements disposés en vue de permettre l'exécution de l'ensemble des mesurs applicables aux passagers, aux équipages et aux navires eux-mêmes ainsi qu'à leur cargaison : contrôle médical, immunisations diverses, épouillage, désinsectisation, désinfection des effets, isolement, traitement des malades, dératisation, etc..

Les lazarets auxquels sont attachés des médecins, des officiers et des gardes du service sanitaire maritime doivent posséder les installations nécessaires en vue de l'application des mesures prescrites par l'autorité sanitaire. Les bâtiments doivent présenter les conditions hygiéniques voulues, être tenus en bon état d'entretien et toujours prêts à être utilisés.

Ces bâtiments et leurs dépendances ne peuvent, sous aucun prétexte, être détournés, même temporairement de leur destination.

Les malades reçoivent au lazaret les soins religieux et les soins médicaux qu'ils trouveraient dans un établissements hospitalier ordinaire. Les personnes venues du dehors pour les visiter ou leur donner des soins sont, en cas de compromission, isolées.

Les frais de nourriture, de traitement et de médicaments sont à la charge des personnes isolées.

Pour les émigrants, les pèlerins, qui voyagent en vertu d'un contrat, les frais de traitement et de nourriture au lazaret sont à la charge de l'armement.

Pour les militaires et les marins, ces frais incombent à l'autorité dont ils relèvent.

Les indigents ne rentrant pas dans ces catégories sont traités et nourris gratuitement.

Stations sanitaires. — Les stations sanitaires maritimes sont des établissements disposés en vue de l'application soit au départ soit à l'arrivée des navires, de mesures de contrôle administratif et médical, d'immunisations diverses, d'épouillage, de désinsectisation et de désinfection des effets applicables aux personnes embarquées.

Ces stations doivent en conséquence être situées à proximité des points d'embarquement et de débarquement des navires et comprendre les locaux et le matériel nécessaires ; c'est-à-dire : des salles d'attente, d'examen et de traitement médical, des installations de bains et surtout de douches, de désinsectisation et de désinfection. Les stations sanitaires ne comportent pas de locaux d'isolement pour les malades débarqués.

En conséquence ceux-ci sont transportés individuellement par voiture spéciale aux pavillons de contagieux des hôpitaux communaux, à condition que ces derniers disposent comme personnel, matériel et installation des moyens nécessaires pour les isoler et les traiter.

MÉDECINS SANITAIRES MARITIMES. Se reporter au chapitre : *Médecins sanitaires maritimes.*

TENUE DU PERSONNEL. — La tenue actuelle du personnel de la Santé (médecins, officiers, mariniers, gardes) a été réglementée par arrêté ministériel du 5 mai 1912.

NOTA. — A titre de documentation voir ci-après :

1° Copie de l'instruction du 1er octobre 1900 pour l'application des mesures édictées par les décrets des 4 janvier 1896 et suivants ;

2° Modèle de bulletin de reconnaissance d'un navire ;

3° Modèle de procès-verbal d'arraisonnement d'un navire ;

4° Modèle de procès-verbal de visite médicale ;

5° Modèle d'une patente de santé ;

6° Modèle d'avis en quatre langues concernant les passeports sanitaires ;

7° Modèle de passeport sanitaire ;

8° Modèle de lettre adressée à M. le directeur de la Santé par les médecins naviguants en arrivant de voyage.

RÉPUBLIQUE FRANÇAISE
MINISTÈRE DE L'INTÉRIEUR

LE SERVICE SANITAIRE MARITIME

1ᵉʳ Octobre 1900

Instruction pour l'application des mesures édictées par les décrets des 4 janvier 1896, 15 avril 1897, 14 juin 1899 et 23 septembre 1900, à l'arrivée des navires indemnes ou suspects provenant des pays contaminés ou assimilés.

Ces mesures comprennent :

I. — Examen de la patente de santé et des papiers de bord au point de vue de la provenance du navire, des passagers et des marchandises, de la nature de ces marchandises, des escales effectuées, des incidents de la traversée, des communications possibles en mer, etc... ;

II. — Visite médicale de tous les passagers et du personnel de l'équipage, en commençant par les bien portants, en finissant par les indisposés, les suspects ou les malades.

III. — Inspection sanitaire rigoureuse du navire faite dans toutes les parties accessibles par les médecins accompagnés d'un ou plusieurs gardes sanitaires expérimentés (anciens marins).

Cette inspection doit avoir pour objet de découvrir autant que possible la présence des rats vivants, malades ou morts, l'existence de linge sale, de marchandises ou d'objets dangereux devant être détruits ou désinfectés, de préciser les locaux sur lesquels devrait porter la désinfection immédiate.

IV. — Désinfection soit à bord, soit par les moyens du service sanitaire de tout linge sale des passagers et de l'équipage, des effets à usage, objets de literie et tous autres objets ou bagages que l'autorité sanitaire considérerait comme susceptibles de contenir des germes de contamination. Pour faciliter et activer les opérations de la désinfection du linge sale, il serait désirable : 1° qu'aucune malle ou bagage ne contint de linge sale non désinfecté ; 2° que le linge fut placé à l'avance dans des sacs spéciaux (un par passager ou par cabine) pour être désinfecté ; 3° que l'ouverture et la visite des malles et bagages par le service de la douane fussent faites concurremment par les agents des douanes et par les agents du service sanitaire, toutes les fois que l'autorité sanitaire le jugera possible soit à bord, soit à quai.

V. — Admission des passagers en libre pratique, et délivrance s'il y a lieu de passeports et cartes d'avis sanitaires dans les conditions prévues par les articles 57 et 58 du décret du 4 janvier 1896 modifié par le décret du 15 juin 1899 (surveillance sanitaire).

Si le navire est suspect, le point de départ de la surveillance est la date de l'arrivée du navire ; le délai de surveillance est de *cinq jours* (1).

Si le navire est indemne, le point de départ de la surveillance est la *date du jour où le navire a quitté le port contaminé*. Le délai de surveillance est de *cinq* jours pour le choléra, *sept* jours pour la fièvre jaune, *dix* jours pour la peste.

VI. — Déchargement du navire :

Ce déchargement n'est commencé qu'après le débarquement de tous les passagers. Le navire est placé en isolement aussi complet que possible sur un quai spécial et hors du contact immédiat des autres bâtiments.

Toutes les mesures sont prises pour empêcher la sortie *nocturne* des rats, en garnissant notamment les amarres de buissons métalliques.

VII. — Le personnel du bord est employé autant que possible aux opérations du déchargement ; s'il y a lieu de recourir à un personnel auxiliaire, celui-ci est assimilé, pour la durée des opérations, au personnel du bord : l'un et l'autre figurent sur un état nominatif remis à l'autorité sanitaire et contrôlé par elle au moyen de visites ou appels journaliers. Ce point est capital : il importe que l'autorité sanitaire soit en mesure d'exercer un contrôle permanent sur le personnel de déchargement et que celui-ci soit composé, en conséquence, d'hommes choisis parmi les moins irréguliers ayant en ville un domicile connu.

Si quelque personne autre que celles qui figurent à l'état nominatif se trouve obligée de monter à bord, même momentanément, elle est ajoutée à la liste et astreinte à la même surveillance pendant le délai fixé par l'autorité sanitaire. Les allées et venues entre le quai et le bord doivent ainsi être réduites au strict minimum.

Une carte spéciale équivalent au passeport sanitaire pourrait être remise à toutes les personnes visées par le présent article et leur rappellerait d'une manière précise les obligations auxquelles elles sont soumises.

VIII. — Le déchargement des marchandises est effectué conformément aux instructions de l'autorité sanitaire et dans l'ordre indiqué par elle.

Les marchandises qui devraient être désinfectées sont mises à part et isolées jusqu'à ce que l'opération soit effectuée. Les agents

---

(1) Ce délai vient s'ajouter au nombre de jours écoulés depuis la date du dernier cas suspect ou confirmé, soit :

Pour le choléra .... 7 + 5 = 12 jours
 — la fièvre jaune .... 9 + 5 = 14 »
 — la peste .... 12 + 5 = 17 »

qui dans ce cas doivent procéder à la manipulation et à la désinfection des dites marchandises sont pourvus de vêtements spéciaux
et astreints à toutes les mesures qu'elles comportent.

IX. — La surveillance sanitaire du déchargement, telle qu'elle
résulte des dispositions qui précèdent, est exercée sans aucune
interruption, depuis la mise à quai jusqu'à l'achèvement complet
des opérations par un ou plusieurs agents du service sanitaire res-
ponsable. Ces agents sont chargés de tenir la liste nominative du
personnel, de s'assurer que le déchargement effectué ne présente
rien d'insolite au point de vue sanitaire, de veiller à l'exécution de
toutes les mesures ayant pour but d'empêcher la sortie des rats,
de signaler au chef de service la présence de cadavres de rats ainsi
que les marchandises qui auraient pu être souillées par ces animaux, de faire suspendre, s'il y a lieu, le déchargement jusqu'à la
décision du chef de service, de rédiger et de signer de concert avec
ce dernier, lorsque toutes les opérations sont terminées, un procès
verbal établi suivant une formule spéciale.

X.   Toute absence qui se produirait dans le personnel au cours
du déchargement devrait être immédiatement signalée et motivée ;
si elle était due à une indisposition même légère, l'homme devrait
faire l'objet sans retard d'une visite médicale, mis en observation
et isolé, s'il y a lieu, dans les mêmes conditions que le serait, le cas
échéant, un voyageur muni d'un passeport sanitaire.

Si au cours du déchargement, il était découvert des rats morts
ou malades, ils devraient être recueillis et envoyés, *avec toutes les
précautions convenables*, au directeur du laboratoire bactériolo-
giques de la circonscription qui procéderait d'urgence à leur examen et informerait le service sanitaire du résultat. Toute opération
devrait être suspendue dans la partie du navire correspondant
jusqu'à la connaissance de ce résultat.

Dans le cas où un homme serait reconnu atteint d'affection suspecte, le personnel du bord serait immédiatement consigné et le
navire placé en isolement aussi absolu que possible : si la maladie
était confirmée, le bâtiment serait renvoyé aussitôt sous pavillon de
quarantaine au lazaret le plus proche. Les mêmes mesures seraient
prises s'il était constaté qu'il existe à bord des rats pesteux.

BULLETIN DE RECONNAISSANCE D'UN NAVIRE

Modèle d'Interrogatoire

Date ....
Nom du Pilote ....
Nom du Navire ....'....
Espèce et Pavillon ....
Nom de la Compagnie ....
Nom du Courtier ou Représen-
tant ....
Nom du Capitaine ....
Nom du Médecin ....
Tonnage — Brut — Net ....

Patente :

Française ou étrangère ....
Nombre de visas — Brute ou
nette ....

Provenance :

Port de départ ....
Port d'Escales ....

Equipage :

Nombre ....

Passagers :

Nombre ....
Dont Emigrants ....

Chargement :

Nature ....
Communications en Mer :
Dans quelles conditions ......
Quel était la provenance du na-
vire avec lequel elle a eu lieu..
Malades ....
Décès ....

Rats :

Leur présence a-t-elle été cons-
tatée ....
A-t-on trouvé des rats malades
ou morts ....
En a-t-on détruit ....
Combien ....
En existe-t-il à bord ....
Combien ....
Provenance ....

DÉCLARATION FAITE SOUS LA FOI DU SERMENT

Le Médecin.   *Le Capitaine.*

Remis par le Pilote soussigné.

Vu et vérifié :
L'Officier ou l'Agent Sanitaire.

Nota. — Ce questionnaire est établi en langues : Française, Anglaise, Allemande et Italienne.

MODÈLE D'UN PROCÈS-VERBAL
D'ARRAISONNEMENT D'UN NAVIRE

Nom du Navire ....

Arrivé le , ...

Ports d'Escales ....

Equipages :

Nombre au départ ....

Mutations en route ....

Nombre à l'arrivée ....

Passagers :

Nombre au départ ....

Pris en escale ....

Laissés en escale ....

Nombre à l'arrivée ....

Passagers de 3ᵉ classe ....

Chargement :

Nature ....

Origine ....

Animaux vivants ....

Eau :

Port où elle a été embarquée ...

Malades :

A bord pendant le voyage ......

A terre pendant escale ....

Débarqués (malades ou conva-
lescents) ....

A l'arrivée :

Nombre ....

Nature de la maladie ....

Décès :

Dates ....

Nom, âge, profession ....

Provenance ....

Cause ....

Désinfection :

Existe-t-il une étuve à bord ....

Quelles mesures ont été prises ..

Locaux ....

Vêtements ....

Objets de coucher ....

Dératisation :

Antérieurement pratiquée ......

Date ....

Partielle ou totale ....

Moustiques :

Leur présence a-t-elle été constatée ....

Quelles mesures ont été prises
pour les détruire ....

Observations Générales :

Installations spéciales ....

Infirmerie-Hôpitaux ....

*Mesures Spéciales
concernant les Emigrants :*

Désinfection préventive ....

DÉCLARATIONS FAITES SOUS LA FOI DU SERMENT

Le Médecin.   *Le Capitaine.*

L'Officier ou l'Agent Sanitaire.

MODÈLE D'UN PROCÈS-VERBAL
DE VISITE MÉDICALE

SERVICE SANITAIRE MARITIME
(6ᵉ Circonscription)

PROCÈS-VERBAL DE VISITE MÉDICALE

Nom du navire : .... $\begin{smallmatrix}\text{amarré}\\\text{mouillé}\end{smallmatrix}$ ....

Nationalité et Armateur : ....

Provenance et escales : ....

....

Nature des patentes : ....

....

Équipage : .... (dont ...... indigènes), $\begin{smallmatrix}\text{avec}\\\text{sans}\end{smallmatrix}$ médecin

Passagers : **pour Marseille** .... (dont ...... militaires

et ...... passagers de pont ou émigrants).

en transit : ....

Incidents sanitaires en cours de voyage : ....

....

....

Mesures sanitaires prises en cours de voyages : ....

....

....

État sanitaire à l'arrivée : ....

....

....

Mesures ordonnées : ....

....

....

MARSEILLE, *le* ...., *à* ...... *heures.*

MODELE D'UNE PATENTE DE SANTÉ

Port(métropole) *d'*..

Colonie d'.....

Consulat d'....

———

**Annotations
ou
observations
particulières**

———

Navire (nom) .... *vapeur, voilier,*

appartenant au port d........................

Capitaine ....

Médecin (nom et qualité) ....

Tonnage : (brut) .... (net) ....

Nationalité ....

Destinations ....

NOMBRE .
{ des personnes {
  d'équipage . . { Indigènes .... }
  de passagers . { 1ʳᵉ classe ....
    2ᵉ — ....
    3ᵉ — ....
    .... }

Provenance et nature de l'eau embarquée ....

**Opérations faites,
marchandises embarquées** {
  à quai ....
  en rade ....
  en isolement ....

**Mesures sanitaires
prises au moment de l'arrivée du navire** { ....

**Le navire possède un local d'isolement, une étuve à
désinfection, un appareil à dératisation (1).**

———

Nous soussigné (2) ....
Certifions qu'au départ du navire l'état sanitaire du port et de ses
environs est le suivant :

Nombre de cas et décès pendant les deux dernières semaines :

Choléra .... Cas .... Décès ....
Peste .... — .... — ....
Fièvre jaune .... — .... — ....

Autres maladies susceptibles d'être signalées, typhus, variole, etc.
....
....

........................, le 191

(Sceau)

(Signature)

———

(1) Rayer les désignations non applicables.
(2) Autorité sanitaire pour les ports français. Autorité consulaire pour
les ports étrangers.

MODÈLE D'UNE PATENTE DE SANTÉ (*Suite*)

Nom du navire : ....
arrivé le .... à .... *heures* ....
partant le ....

A

VISA N° ...

Colonie d..

Consulat d.

Annotations

ou

observations

		DÉBARQUÉES	EMBARQUÉES	TOTAL AU DÉPART
NOMBRE	de personnes d'équipage	....	....	....
	indigènes	....	....	
de passagers	1re classe	....	....	
	2e —	....	....	
	3e —	....	....	
		....	....	

Cause du débarquement si elle est d'ordre médical :
Provenance et nature de l'eau embarquée ....
Mortalité sur les rats ....
Opérations faites, (*à quai* ....
marchandises embarquées) *en rade* ....
ou débarquées (*en isolement* ....
En cas de relâche indiquer le motif ....
Mesures prises au moment de l'arriveé du navire

   (Sceau)   L'autorité sanitaire,

B

Nous soussigné (1) .... à ....
Certifions qu'au départ du navire « .... » l'état sanitaire
du port et de ses environs est le suivant :

Nombre de cas et décès pendant les deux dernières semaines :

Choléra	Cas	Décès	....
Peste	—	—	....
Fièvre jaune	—	—	....

....

Autres maladies susceptibles d'être signalées, typhus, variole, etc.

....

....

Le présent visa légalise en même temps la signature de l'autorité
sanitaire et corrobore les renseignements fournis par elle (partie A)
sous les réserves ou observations portées ci-contre.

            ...., *le* 191

   (Sceau)   (Signature)

---

(1) Autorité coloniale ou consulaire.

RÉPUBLIQUE FRANÇAISE
MINISTÈRE DE L'INTÉRIEUR

SERVICE SANITAIRE MARITIME

AVIS IMPORTANT

Les passagers, provenant de pays ou de navires contaminés dans les conditions prévues par la Conférence sanitaire internationale de 1903 et le règlement de police sanitaire applicable au ports français, peuvent être autorisés à débarquer immédiatement **sous condition de rester soumis, pendant une période variant de cinq à dix jours, à une surveillance sanitaire spéciale** exercée dans les diverses localités où ils se rendent.

Il leur est délivré à cet effet une pièce dite « **passeport sanitaire** » qui mentionne les obligations imposées.

Ces obligations consistent :

1º A présenter ou à faire présenter le passeport sanitaire dès l'arrivée à la mairie ou, pour Paris, à la préfecture de police ;

2º A accepter le contrôle des autorités au point de vue médical pendant toute la durée du délai fixé.

Les maires des communes intéressées sont avisés en même temps de l'arrivée des passagers et des mesures de surveillance qu'ils ont à exercer à leur égard.

Cette surveillance a exclusivement pour objet de sauvegarder la santé publique en empêchant qu'un cas de maladie exotique puisse se propager faute d'avoir été connu et combattu dès son apparition. En raison de l'intérêt général et éminemment humanitaire qu'elle présente aucune exception ne doit être faite.

Il est recommandé aux autorités d'apporter à leur mission la plus grande courtoisie et le souci de ne causer aux voyageurs que la moindre gêne possible.

Ceux-ci, par contre, s'exposeraient à des **peines sévères** s'ils cherchaient à se soustraire aux prescriptions rappelées ci-dessus, notamment par des déclarations fausses ou inexactes ; ayant été dûment avertis, ils seraient sans excuse.

Les délinquants sont passibles, en vertu de l'article 14 de la loi du 3 mars 1822, d'un emprisonnement de trois à quinze jours et d'une amende de cinq à cinquante francs.

Pour éviter tout retard et toute infraction à cet égard, les passagers sont invités à indiquer de la manière la plus précise **leurs noms et adresses, en même temps que les références qui seraient jugées nécessaires** pour corroborer leurs déclarations. Dans le cas où il ne leur serait pas possible de désigner l'endroit exact où ils se proposeraient soit de descendre, soit de s'arrêter en route, ces références seraient d'autant plus indispensables pour confirmer l'engagement de faire dès leur arrivée la déclaration prescrite, sous les sanctions pénales.

Si le voyageur ne doit que traverser la France sans s'arrêter, il indiquera l'itinéraire qu'il compte suivre et la gare frontière où il aura à faire viser son passeport sanitaire lors de son passage.

IMPORTANT ADVERTISSEMENT

The passengers coming from contaminated countries or vessels in the terms provided by the sanitary Conference of 1903 and the police regulation for salubrity applicable to the French ports, may be allowed to land immediately **on condition to remain submitted, during a period variing from five to ten days, to a special sanitary supervision** exercised in the different localities to which they are bound.

A document so called « **sanitary passport** », mentioning the imposed conditions, is delivered them to that intent.

Those obligations consist :

1° In exhibiting or in having their « sanitary passport » exhibited as soon as they arrive to the town-hall, or as for Paris, to the Police-Préfecture.

2° In suffering the verification of the authorities in the medical point of view, during the whole duration or the settled delay.

The mayors of the concerned communes are apprized together of the passengers' arrival and of the measures to be taken by them towards the latter.

The exclusive purpose of such a supervision is to secure public health, by preventing a case of exotic sick ness propagating for want of having been known and fought immediately after its apparition. In consideration of the general and eminently human interest it offers, no exception is to be made.

Authorities are ordered to perform their mission with the greatest courtesy and with the care of causing to the passengers only as little an uneasiness as can be.

On the other hand, these would expose themselves to **severe penalties,** if they should try to escape from the above mentioned provisions, principally by means of false or inaccurate statements ; having been duly forewarned, they would be inexcusable.

Offenders are liable, according to the section 14 of the act of march, 3, 1822, to a commital from three to fifteen days, and to a mulct from five to fifty francs.

In order to avoid every delay and infringement in that respect, passengers are invited to indicate in the most accurate manner, **their names and dwelling, together with the references, which might be looked upon as necessary** for their statements to be corroborated. In case that they could not possibly appoint the exact spot, at which they would purpose either to alight or to stop on the way, those references would be all the more indispensable, in order to enforce their engagement of making immediately after their arrival the statement prescribed under the provided penalties.

If the voyager be only to drive through France withouh stopping, he must point out the itinerary he intends kepping and the frontier-station, where he will be to have his « sanitary passport » invested with the visa at the moment of his passage.

BELANGREICHE NOTIZ

Die Passagiere aus angesteckten Laendern oder Schiffen herkommend, unter den Umstaenden vorgesehen von der Internationalen Sanitaer Conferenz von 1903, und der Sanitaer Polizei Massregelung von den franzœsischen Haefen ausgeuebt, kœnnen zur sofortigen Entschiffung Erlaubniss bekommen **unter der Bedingung sich waehrend einer Dauer von fuenf bis zehn Tagen einer specialen Sanitaer Ueberwachung zu unterwerfen,** welche in den verschiedenen Ortschaften wohin sie sich begeben ausgeuebt wird.

Zu diesem Zwecke wird ihnen ein sogenanntes « **Passeport Sanitaire** » ausgehaendigt, welches die aufliegenden Verpflichtungen erwaehnt.

Diese Verpflichtungen sind folgende :

1° Sofort nach Ankunft der Sanitaer Pass auf dem Rathhause vorweisen, oder vorweisen lassen, und zwar fuer Paris auf der Polizei-Prefectuer.

2° Den Sanitaer Kontrol der Behoerden zu genehmigen waehrend der ganzen Dauer der vorgeschriebenn Frist.

Die Buergermeister der betreffenden Gemeinde werden sofort benachrichtet ueber di Ankunft der Passagiere, sowie ueber die Ueberwachungsmassregel, welche dieselben ihnen gegenueber auszuueben haben.

Diese Ueberwachung beabsichtigt ausschliesslich das allgemeine Wohlsein zu schuetzen, durch Verhinderung, dass ein Fall von exotischer Krankheit, sich dadurch verbreiten wuerde, weil nicht bekannt gewesen, und infolgedessen nicht von der Erscheinung an entgegengetreten wurde. Auf Grund der allgemeinen und ueberhaupt humanitaeren Interesse, welche diese Ueberwachung aufbietet, darf eine Ausnahme nicht gemacht werden. Es wird den Behoerden empfohlen, ihrem Auftrage die groesste Liebenswuerdigkeit beizubringen, und dafuer zu sorgen, den Reisenden moeglich wenig Hindernisse zu verursachen.

Die Reisenden jedoch, wuerden sich **strenger Bestrafung** aussetzen, falls sie versuchen wuerden, sich den obenerwahnten Vorschriften zu entziehen, besonders, durch falsche oder unrichtige Erklaerungen umsomehr, weil regelmaessig gewarnt, dieselben nicht zu verzeihen waeren.

Die Uebertreter werden bestraft auf Grund des Art. 14 des Gesetzes vom 3ten Maerz 1822 mit drei bis fuenfzehn Tagen Gefaengniss nebst einer Geldstrafe von fuenf bis fuenfzig Franken.

Zur Vermeidung jeglicher Verspaetung, und diesbezueglicher Gesetzuebertretung, werden die Passagiere aufgefordert, auf das genaueste **ihren Namen und Wohnort** bekannt zu geben, **sowie die Referenzen, welche erforderlich erscheinen wurden** zur Begruendung ihrer Erklaerungen.

Im Falle wo es ihnen nicht moeglich sein wuerde, den genauen Ort bekannt zu geben, wo sie beabsichtigen sich nieder zu lassen, oder sich unterwegs aufzuhalten, wuerden diese Referenzen umsomehr unumgehbar sein, um die Verbindung zu bestaetigen sofort nach ihrer Ankunft die vorgeschriebene Erklaerung abzugeben, unter dem strafrechtlichen Verfahren.

Wenn der Reisende bloss Frankreich durchfaehrt, ohne sich aufzuhalten, muss derselbe seine Reiseroute, sowie er dise zu verfolgen gedenkt, bekanntgeben, sowie die Grenzstation wo er sein Sanitaerspass bei seinem Voruebergeben, muss revidieren lassen.

AVVISO IMPORTANTE

I passeggieri provenienti da paesi o da bastimenti contaminati nelle condizioni previste dalla Conferenza internazionale del 1903 ed il regolamento di polizia sanitaria applicabile ai porti francesi, possono essere autorzzati a sbarcare immediatamente **sotto condizione di restare sottomessi, durante un periodo variante da cinque a dieci giorni, ad una sorveglianza sanitaria speciale** esercitata nelle diverse località in cui si rendono.

A questo scopo, viene loro rimesso un documento detto « **passaporto sanitario** » che menziona gli obblighi imposti.

Questi obblighi consistono :

1° A presentare o far presentare il passaporto sanitario al momento dell'arrivo all'ufficio del sindaco e per Parigi all'ufficio della prefettura di Polizia ;

2° Ad accettare il controllo delle autorità al punto di vista medicale durante tutta la durata del periodo fissato.

I sindaci delle comuni interessate sono avvisati in medesimo tempo, dell'arrivo dei passeggieri, e delle misure di sorveglianza che devono esercitare a loro riguardo. **Questa sorveglianza ha per scopo esclusivo di proteggere la salute publica** impedenti che un caso di malattia esotica possa propagarsi per il fatto di non averlo conosciuto e combattuto tosto la sua apparizione. In ragione dell'interesse generale ed eminentemente umanitario che presenta questa sorveglianza nessuna eccezione deve essere fatta.

E raccomandato alle autorità di impiegare nella loro missione la più grande cortesia e la cura di causere ai viaggiatori il meno possibile di noie.

I viaggiatori, per contro, si esporrebbero a **pene severe** se tentassero di sostrarsi alle prescrizioni qui sopra menzionate particolarmente con dichiarazioni false od inesatte ; essendo stati debitamente avvertiti, essi sarebbero senza scuse.

I delinquenti sono passibili in virtù dell'articolo 14 della legge del 3 marzo 1822, d'un imprigionamento di tre a quindici giorni e d'una multa di cinque a cinquanta franchi.

Per evitare qual qualsiasi ritardo e qualsiasi infrazione a questo riguardo i passeggieri sono invitati ad indicare nella maniera la più precisa **il loro nome ed indirizzo, come pure le referenze che sarebbero giudicate necessarie** per corroborare le loro dichiarazioni. Nel caso in cui non sarebbe loro possibile di indicare il luogo esatto in cui si propozzebbero sia di scendere, sia di fermarsi in corso di viaggio queste referenze sarebbero tanto più indispensabili per confermare l'impegno di fare tosto il loro arrivo la dichiarazione prescritta, sotto le sanzioni penali.

Se il viaggiatore deve soltanto traversare la Francia senza fermarsi, egli dovrà indicare l'itinerario che conta seguire e la stazione frontiera nella quale avrà da far visare il suo passaporto sanitario al momento del suo passaggio.

MODELE DE PASSEPORT SANITAIRE

RÉPUBLIQUE FRANÇAISE. — MINISTÈRE DE L'INTÉRIEUR

Direction de l'Hygiène Publique

PASSEPORT SANITAIRE

PORT OU POSTE SANITAIRE

d.........................

M ...., venant d.........................
a déclaré se rendre à .... département d.............
rue ...., n° ...., où il devra faire l'objet, pendant
une durée de ...... jours à compter de la présente date, de la surveil-
lance sanitaire prescrite dans les conditions ci-après.

Date : ....

LE CHEF DU SERVICE SANITAIRE,

IL EST ENJOINT aux personnes munies du présent passeport, sous **peine d'encourir les pénalités de la loi du 3 mars 1822 rappelées ci-contre** de se soumettre aux visites de contrôle sanitaire que la municipalité de leur résidence habituelle ou passagère a le devoir de faire pratiquer dès leur arrivée ou leur passage.

Si le lieu de destination ne peut être précisé au moment du passage à la frontière ou si par imprévu celui qui a été indiqué sur le passeport vient à être modifié en cours de route pour une ou plusieurs des personnes qu'il comprend, **il est enjoint sous les mêmes peines,** à tout voyageur se trouvant dans ce cas de déclarer son adresse exacte à la mairie **dès son arrivée** (pour Paris, à la Préfecture de Police, bureau de l'hygiène, quai du Marché-Neuf, n° 2).

La surveillance spéciale que comportent ces prescriptions a exclusivement pour objet de sauvegarder la santé publique, en empêchant qu'un cas de maladie pestilentielle puisse se propager faute d'avoir été connu et combattu dès son apparition. En raison de l'intérêt général et éminemment humanitaire qu'elle présente aucune exception ne doit être faite.

Il est recommandé aux autorités d'apporter à leur mission la plus grande courtoisie et le souci de ne causer aux intéressés que la moindre gêne possible.

Par contre les mesures les plus sévères seront prises pour rechercher et punir tous ceux qui tenteraient, notamment par des déclarations fausses ou inexactes, de se soustraire aux prescriptions ci-dessus et qui dès lors, dûment avertis, seraient sans excuse.

MODÈLE D'AVIS SANITAIRE

RÉPUBLIQUE FRANÇAISE. — MINISTÈRE DE L'INTÉRIEUR

Direction de l'Hygiène Publique

AVIS SANITAIRE

PORT OU POSTE SANITAIRE

d............................

N° ....

Monsieur le Maire de la commune d .... est informé que M .... venant d .... et muni d'un passeport sanitaire a déclaré se rendre dans cette commune, rue .... n°, ... et devra y faire l'objet, dès son arrivée et à compter de la présente date pendant une durée de .... jours, de la surveillance sanitaire indiquée ci-après.

Date : ....

LE CHEF DU SERVICE SANITAIRE,

En conformité des règlements applicables aux personnes provenant de pays étrangers où règnent des maladies pestilentielles, il est enjoint à l'autorité municipale du lieu où se rendent ces personnes, à titre définitif ou passager, de faire exercer à leur égard une surveillance sanitaire spéciale consistant à s'assurer que, pendant le délai fixé, elles ne sont atteintes d'aucune affection suspecte et à provoquer, le cas échéant, toutes mesures d'isolement et de prophylaxie nécessaires.

Le présent avis a pour objet de mettre l'autorité à même d'appliquer immédiatement cette surveillance et de viser le passeport sanitaire délivré aux intéressés qui y sont soumis, **le tout sous les peines portés à l'article 14 de la loi du 3 mars 1822** sur la police sanitaire.

EN CAS DE SYMPTÔME SUSPECT DE PESTE, MONSIEUR LE MAIRE DEVRAIT DEMANDER TÉLÉGRAPHIQUEMENT A L'INSTITUT PASTEUR A PARIS, RUE DUTOT N° 25, DU SÉRUM ANTIPESTEUX DESTINÉ A ÊTRE MIS A LA DISPOSITION DES MÉDECINS.

MODÈLE DE LETTRE
Adressée a M. le Directeur de la Santé
par les Médecins naviguants en arrivant de voyage

Marseille, le .... 19 ....

Vapeur :

Monsieur le Directeur de la Santé,

Monsieur,

J'ai l'honneur de vous informer que durant le voyage de .... à Marseille, il n'y a eu à bord aucun cas de maladie épidémique ou contagieuse, ni aucun décès.

Les passagers et l'équipage sont, à l'arrivée, en bonne santé.

Le linge sale a été lavé.

Il n'a pas été capturé de rat et aucun n'a été trouvé mort durant le voyage.

Veuillez agréer, Monsieur le Directeur, l'assurance de ma haute considération.

Le Médecin du Bord,

CHAPITRE VIII

LE SERVICE SANITAIRE MARITIME
DANS DIFFÉRENTS PORTS DE FRANCE,
D'ALGÉRIE ET DE TUNISIE

En France

Dunkerque (1° Circonscription). — A Dunkerque, les visites médicales se font sur rade pour les navires contaminés au moyen de remorqueurs payés par l'armement. Pour les autres navires les visites se font à quai ; il n'existe è Dunkerque qu'une station sanitaire. Depuis le décret de 1921, les malades sont admis à l'hôpital civil (pavillon des contagieux.)

Personnel : 1 directeur, 1 médecin de la Santé, 1 capitaine de la Santé, 2 lieutenants de la Santé.

Le Havre. (2ᵉ Circonscription). — Personnel : 1 directeur, 1 médecin, 4 officiers, 7 gardes.

Brest (3ᵉ Circonscription). — A Brest, les visites médicales se font en rade quand le navire provient d'un pays contaminé ou lorsque des doutes subsistent sur l'état sanitaire du navire. Dans les autres cas, les visites se font à quai.

Le service de la Santé ne possède pas d'embarcation ; en cas de visites en rade une vedette à pétrole de la Compagnie Brestoise est réquisitionnée.

Ni lazaret ; ni station sanitaire.

Personnel : 1 directeur, 1 lieutenant.

Saint-Nazaire (4° Circonscription). — Les visites médicales se font sur rade presque toujours, (le plus grand nombre maintenant à Nantes) à l'aide du vapeur du pilotage.

Il n'y a plus de lazaret mais un pavillon d'isolement à l'hôpital de Saint-Nazaire où sont envoyés les malades qui doivent être isolés.

Personnel : 1 directeur, 1 médecin de la Santé (chargé du laboratoire municipal de la Santé maritime), 1 capitaine, 1 lieutenant, 2 gardes.

Pauillac (5° Circonscription). — Les visites médicales se font sur rade de Pauillac et souvent en grande rade et même en bas du fleuve.

Pauillac étant un passage difficile à cause de la hauteur variable du fond à l'heure des marées, il importe de ne pas faire mouiller les gros navires.

Les arraisonnements et visites médicales se font à l'aide d'une grosse chaloupe à vapeur. La 5ᵉ Circonscription possède un lazaret, celui de Trompeloup.

Personnel : à Pauillac : 1 directeur, 1 médecin de la Santé, 1 capitaine, 2 lieutenants.

A Bordeaux : 1 capitaine, 1 lieutenant.

Marseille (6ᵉ Circonscription). — Voir Chapitre IV.

Ajaccio (relié à la 6ᵉ Circonscription). — Les visites se font à quai ou en rade suivant le cas à l'aide du canot de la douane.

Il n'y a ni lazaret ni station sanitaire.

Personnel : 1 médecin de la Santé à Ajaccio, 1 agent principal capitaine des douanes ; 1 médecin de la Santé à Bastia.

Algérie

Alger. — Les visites médicales se font :

a) Au poste d'isolement où sont amarrés en pointe les navires indemnes.

b) En rade où sont mouillés les navires suspects ou infectés.

La reconnaissance et l'arraisonnement des navires français et étrangers sont faits par les officiers de la Santé qui se rendent à bord au moyen d'une vedette à moteur à essence appartenant au service.

Le lazaret de Matifou, situé à huit mille à l'est d'Alger, n'est plus utilisé, depuis 20 ans, que pour y recevoir les pèlerins algériens et marocains à leur retour de la Mecque. C'est le seul lazaret de la colonie. Trois mariniers gardent et entretiennent les bâtiments et jardins.

Pendant la guerre 1914-1918, et même jusqu'au 1ᵉʳ juin 1922, il a servi d'abord aux réfugiés Serbes, ensuite d'hôpital militaire.

Il existe une station sanitaire sur un point de la grande jetée sud du port d'Alger, formant îlot. Cette station est pourvue d'une étuve Geneste-Herscher, de douches, et on peut y loger une vingtaine de malades. On y désinfecte les hardes et on y douche les passagers malpropres, soit à leur départ, soit à leur arrivée.

Personnel : 1 directeur, 1 médecin bactériologiste, 2 médecins de la Santé, 3 capitaines, 3 gardes principaux, 2 mécaniciens, 1 patron marinier, 4 mariniers.

Oran. — Les arraisonnements et les visites médicales, s'il y a lieu, se font à bord.

Les médecins et officiers s'y rendent à l'aide d'un canot automobile. Une station sanitaire existe à *Mers-el-Kebir*.

Constantine. — La Circonscription sanitaire maritime de Constantine dont le siège est à Bône comprend huit ports.

Le fonctionnement du service est assuré par le personnel suivant :

Port de Bône : 1 directeur, 1 médecin de la Santé, 1 capitaine de la Santé, 1 garde principal.

Port de Philippeville : 1 médecin de la Santé agent principal, 3 brigadiers de douanes faisant fonctions d'agents sanitaires.

Port de Bougie : 1 médecin de la Santé, 3 agents sanitaires brigadiers de douanes.

Port de Djidjelli : 1 médecin de la Santé, 1 agent sanitaire brigadier de douanes.

Port de Collo : 1 médecin de la Santé, 1 agent sanitaire brigadier de douanes.

Port de la Calle : 1 médecin de la Santé, 1 agent sanitaire brigadier de douanes.

Port d'Herbillon : 1 médecin de la Santé, 1 agent sanitaire brigadier de douanes.

Port de Ziama : 1 médecin de la Santé, 1 agent sanitaire brigadier de douanes.

Dans aucun des ports de la circonscription, le matériel nécessaire (vedettes à moteurs, grosses chaloupes à vapeur ou petits canots) n'existent pas ; mais les commandants des navires ou des officiers du bord sont tenus de se présenter au bureau de la Santé pour y faire les déclarations réglementaires avant de communiquer avec la terre.

Quand les visites médicales sont faites à quai, le médecin de la Santé s'y rend à pied ou en voiture ; quand les visites ont lieu en rade le médecin est transporté aux frais de l'armement.

Il n'existe ni Lazarets ni Stations sanitaires dans la circonscription sanitaire maritime de Constantine.

Au point de vue de la dératisation, il y a une remarque intéressante à faire :

Alors que dans les ports de France, la dératisation est exécutée sous le contrôle du service sanitaire maritime par des Industriels ou des Chambres de Commerce, en *Algérie*, le service de dératisation et de désinfection est opéré par les *soins* du Service sanitaire maritime lui-même.

Pourquoi, en France, n'opérerait-on pas de la même façon puisque le Service sanitaire effectue lui-même les assainissements et les désinfections ?

LIAISON ENTRE LA FRANCE ET L'ALGÉRIE. — Actuellement, sous l'impulsion de M. Paul Strauss, Ministre actuel de l'Hygiène, de l'Assistance et de Prévoyance sociales, une *liaison* effective existe entre les services de la Métropole et ceux d'Algérie et de la Tunisie qui échangent *régulièrement* entre eux les renseignements intéressant la Santé dans les ports.

Tunisie

*Avant d'entreprendre l'étude succinte du Service Sanitaire mari-
time en Tunisie, je tiens à adresser tout particulièrement mes
remerciements à mon honoré confrère M. le docteur* DURAND, *Directeur du Service Sanitaire maritime à Tunis qui a eu l'amabilité de
m'adresser l'ouvrage intitulé* Guide de l'agent sanitaire maritime
en Tunisie *de notre regretté confrère M. le docteur* VUILLIEN, *dans
lequel j'ai pu puiser les enseignements qui vont suivre :*

AUTORITÉS SANITAIRES. — La police sanitaire du littoral de la
Tunisie est exercée par des agents relevant du secrétariat général
du gouvernement tunisien. Il y a un Directeur de la Santé à Tunis ;
un médecin lui est adjoint pour le suppléer en cas d'absence ou
d'empêchement. Ce médecin est spécialement chargé du service des
vaccinations des immigrants au port de Tunis ainsi que du service médical au port de Tunis.

Le littoral de la Régence est divisé en circonscriptions sanitaires
dont le nombre et l'étendue sont fixés par un arrêté du Premier
Ministre.

Dans chaque circonscription est placé un ou plusieurs agents
sanitaires. Ces agents relèvent du Directeur de la Santé duquel ils
reçoivent des instructions.

CONSEIL SANITAIRE MARITIME. — Il y a un Conseil sanitaire maritime pour toute la Régence de Tunis.

Il a pour mission d'éclairer l'autorité supérieure sur les questions qui intéressent la santé publique, de lui donner des avis sur
les mesures à prendre en cas d'invasion ou de menace de maladie
pestilentielle, de veiller à l'exécution des réglements généraux et
locaux relatifs à la police sanitaire maritime.

Le Conseil sanitaire maritime est présidé par le Résident général
de France ou son délégué.

STATION SANITAIRE. — Il existe une station sanitaire à *La Goulette*
permettant de recevoir les navires quelles que soient les conditions sanitaires du bord.

VISITE MÉDICALE. — La visite médicale est assez sévère.

Le médecin assisté de l'agent sanitaire procède à la visite médicale 1° des passagers de 1°, 2°, 3° et 4° classes ; 2° des officiers ;
3° des hommes de l'équipage.

La visite des passagers et de l'état-major a lieu dans un salon
du navire ou dans tout autre local bien éclairé.

Si le temps le permet les hommes de l'équipage peuvent être
examinés sur le pont.

L'agent sanitaire pointe individuellement les passagers sur la
liste établie par le bord lors de leur présentation au médecin.
L'appel est fait des officier et des hommes de l'équipage.

Pendant toute la durée de la visite médicale, l'ordre le plus
parfait et le silence le plus absolu doivent régner.

La visite médicale est une opération importante, elle ne doit pas être un vague et rapide simulacre d'inspection que les états-majors et les équipages ne prennent pas au sérieux. L'ordre et l'attention avec lesquels sera appliqué cette mesure sanitaire assureront au personnel de la Santé maritime les égards qu'il ne rencontre pas toujours et qu'il est en droit d'exiger.

Les *paquebots postaux*, qui en principe doivent être reconnus de nuit par les pilotes, dont les passagers sont soumis à leur arrivée à la *visite médicale* et à la *vaccination anti-variolique*, ne peuvent subir les formalités sanitaires que *pendant le jour*, à moins d'instructions spéciales de la direction.

PAVILLON DE QUARANTAINE. — Le pavillon de *quarantaine* ne doit être amené qu'après l'admission à la libre pratique.

Tant que ce pavillon flotte, le navire ne doit pas communiquer avec la terre.

Une surveillance attentive des *Ships Chandlers* et autres commerçants que la concurrence et l'appât du gain incitent à monter clandestinement à bord avant l'admission à la *libre pratique*, a lieu.

VACCINATION ANTI-VARIOLIQUE DES IMMIGRANTS. — Les passagers de 3° et de 4° classes débarquant en Tunisie sont considérés comme *immigrants* et sont assujettis à leur arrivée dans un port tunisien à la visite médicale et si le médecin chargé du service le juge nécessaire, à la vaccination antivariolique.

En pratique, tous les passagers de 3° et de 4° classes sont vaccinés à leur arrivée en Tunisie. Sur les postaux français, la vaccination est pratiquée par le médecin du bord ; sur les navires étrangers, par les médecins du service sanitaire maritime.

Les agents sanitaires ont à retenir que, malgré que la vaccination antivariolique soit, depuis de longues années, entrée dans les mœurs, nombre d'étrangers, en provenance d'Italie, de Tripolitaine, d'Egypte et des ports du bassin oriental de la Méditerranée, n'ont jamais été vaccinés.

Tous les passagers vaccinés sont pointés sur la liste établie par le bord et reçoivent un certificat de vaccination.

DÉRATISATION. — La dératisation ne doit jamais être pratiquée à quai, mais en rade ou dans le port, à une grande distance des quais, si l'état de la mer peut faire courir des risques au personnel et au matériel.

Toutes les embarcations et chalans doivent être éloignés du navire pendant la dératisation.

Recommandation formelle est faite au personnel du bord et aux passagers de *ne pas toucher aux rats crevés ou malades*, de ne pas s'en approcher avant d'avoir flambé les cadavres et le sol qui les environne au pétrole ou à l'alcool.

(*Ces prescriptions au sujet de la dératisation sont du reste celles prescrites en France par les réglements en vigueur*).

Désinfection et désinsectisation. — Il est recommandé au personnel chargé de l'épouillage des individus et de la désinfection des linges, vêtements et objets de literie, de se munir de petits carrés de drap épais qui seront cousus dans les sous-vêtements au niveau des aiselles, de la ceinture, des aines et du dos, sur lesquels il aura été versé 8 à 10 gouttes de la préparation anglaise suivante :

Lemon grass, essence de menthe Pouliot, essence d'eucalyptus, (300 c°), naphtaline pulvérisée 100 grammes ;

Le port de vêtements spéciaux pour l'épouillage et la désinfection est absolument prescrit.

Mesures sanitaires au départ. — En cas d'épidémie grave en Tunisie, les agents sanitaires ont à appliquer, au départ des navires, et suivant le cas, les mesures suivantes : *mise en pointe des navires pendant toute la durée de leur escale, le chargement des marchandises en position d'isolement et sous la surveillance sanitaire, la désinfection et la dératisation, la visite médicale de l'équipage et des passagers, l'épouillage des émigrants, le contrôle de la qualité de l'eau potable et des vivres embarqués.*

Pèlerinage de la Mecque (*Pèlerins clandestins*). — Lorsque la situation sanitaire le permet, le Gouvernement tunisien autorise le pèlerinage de la Mecque. Le départ des pèlerins en groupes, sur navires spéciaux, n'intéresse que les agents sanitaires de Tunis, seul port de la Régence où leur embarquement est autorisé.

Le retour des pèlerins s'effectue obligatoirement à La Goulette : ils ne peuvent débarquer qu'à la station sanitaire de ce port.

A l'occasion de chaque pèlerinage, les agents sanitaires de Tunis et La Goulette reçoivent des instructions de détail au sujet des mesures à prendre au départ et à l'arrivée des pèlerins : (visite médicale, débarquement, épouillage, désinfection, installation du camp de quarantaine, ravitaillement, traitement des malades. etc.) Toutes ces mesures sont appliquées sous l'autorité immédiate du *Directeur* ou du *Directeur adjoint* de la Santé maritime.

Les indigènes qui se rendent au Hedjaz doivent être munis d'un passeport sanitaire délivré par le Gouvernement tunisien. Ils partent presque toujours en convoi. Cependant, certains d'entre eux, plus fortunés, gagnent isolément le Hedjaz par leurs propres moyens. D'autres pèlerins partent clandestinement sans autorisation ni passeport, même lorsque le pèlerinage est interdit.

Tous les ans, en tous temps et particulièrement à l'époque du pèlerinage (autorisé ou non en Tunisie), les agents sanitaires ont le devoir de surveiller très attentivement le débarquement des indigènes isolés, pèlerins autorisés au clandestins, qui constituent un grand danger pour la santé publique. Ils doivent leur réclamer passeport et papiers et leur feront subir une visite médicale. S'ils sont en bonne santé, ils les remettront entre les mains de la police et leur établiront un passeport sanitaire qui les soumettra à une surveillance sanitaire de *dix* jours. Les avis sanitaires seront adressés aux contrôleurs civils qui feront exercer la surveillance prescrite. Si l'état de santé des pèlerins isolés est douteux, s'ils sont sales et infestés de parasites, les agents sanitaires doivent aviser leur direction qui les fera soumettre à une observation de plusieurs jours et à toutes les mesures de désinfection et de déparasitation.

TENUE DU PERSONNEL. — Au sujet du port de la *tenue* en Tunisie, je laisse la plume à mon regretté confrère, le Docteur Vullien qui, dans son guide sur le service sanitaire maritime s'exprime ainsi :

« Appartenant à un service de l'État, les agents sanitaires et leur personnel ont des rapports constants avec la marine marchande, le commerce et le public. Agents de transmission et d'exécution, placés entre leur DIRECTION et les ETATS-MAJORS des navires, les mesures de police sanitaire qu'ils sont chargés d'appliquer, sont souvent mal acceptées par le bord et toujours accueillies par les protestations des passagers qu'elles peuvent retarder.

« La tenue impeccable du personnel à tous les degrés de la hiérarchie, le parfait entretien du matériel, faciliteront grandement les opérations sanitaires. Une mesure, même sévère et gênante, sera d'autant mieux accueillie qu'elle sera plus correctement appliquée.

« Les agents sanitaires porteront toujours leurs insignes (veston et casquette d'uniforme), lorsqu'ils seront en service ; cette prescription a une importance particulière pour le service en rade et dans les ports.

« Les mécaniciens, marins, gardes sanitaires, revêtiront leur tenue réglementaire dont les agents sanitaires exigeront l'absolue propreté.

« Recommandation sera faite au personnel subalterne de garder, vis-à-vis des officiers, une attitude déférente.

« Aucune discussion bruyante n'éclatera à bord des vedettes du Service sanitaire au moment des accostages, quand passagers et marins suivent, d'un œil quelquefois narquois, des manœuvres que l'état de la mer peut rendre délicates et que faciliteront la méthode et le silence.

« L'accostage correct d'une embarcation bien tenue, montée par un personnel propre et discipliné, impressionnera favorablement équipages et public. A bord, les agents sanitaires exécuteront leurs instructions avec fermeté, sans jamais se départir de leur courtoisie. A terre, ils useront de la même urbanité à l'égard des autorités, des fonctionnaires et de tous ceux avec lesquels ils peuvent avoir des relations de service : personnel des Consulats, Contrôle civil, Marine nationale, Armée, Officiers de port, Douanes, Police, Armateurs, Courtiers maritimes et publics.

« Les embarcations seront toujours parées dans le plus strict état de propreté. Un personnel malpropre, un matériel vétuste et mal entretenu produiront toujours un effet déplorable et provoqueront une hostilité, à peine déguisée, à l'égard des médecins et des agents de la Santé maritime. »

CHAPITRE IX

LE SERVICE SANITAIRE MARITIME
DANS QUELQUES PORTS ETRANGERS

Anvers. — A Anvers le service d'arraisonnement se fait à *Doel*, premier village belge situé sur le fleuve l'Escaut. près de la frontière hollandaise, à environ 17 kilomètres d'Anvers. La partie profonde du fleuve se trouve près de la rive du village (très large en cet endroit), permettant l'ancrage des navires. Cet emplacement était donc tout indiqué pour y établir la station de quarantaine.

Deux médecins-fonctionnaires y font la visite sanitaire. Ils s'entendent entre eux pour assurer un service permanent de jour et de niut. Ils ont à leur disposition trois canots à vapeur et deux équipages complets.

Les navires ayant à bord des maladies pestilentielles sont retenus en quarantaine à la station sanitaire de Doel et les malades sont débarqués au lazaret qui se trouve établi sur la même rive, à 3 kilomètres en amont, dans le fort déclassé de *Liefkenshack*. Une station d'épouillage y sera également établie sous peu. L'Inspection des Services Sanitaires des Ports de Mer est installée à Anvers, 10, quai Sainte-Aldegonde. M. le docteur *Apers* en est le Directeur.

Rotterdam. — Lorsqu'un navire arrive à Rotterdam, s'il y a eu à bord ou s'il y a à bord un malade atteint de maladie contagieuse, le pilote fait hisser le pavillon jaune et le navire stoppe à l'entrée du canal, au quartier appelé *Massluis*, où se trouve une station sanitaire. Le médecin de la Santé se rend à bord et prend les décisions que l'état sanitaire du bord impose, si non, le navire va directement jusqu'à Rotterdam et accoste à quai, sans autre formalité.

A Hambourg. — Les moyens de la défense sanitaire du port et de la ville de Hambourg contre les maladies contagieuses d'importation peuvent se grouper sous cinq chefs principaux :

1° Reconnaissance, visite et désinfection éventuelle des navires à l'arrivée ;

2° Surveillance et police sanitaire des navires et des docks dans le port de Hambourg ;

3° Défense contre les rats ;

4° Surveillance des émigrants en transit à Hambourg ;

5° Institut pour l'étude des maladies tropicales et hôpitaux maritimes.

1° *Reconnaissance, visite et désinfection éventuelle à l'arrivée.* — Ces opérations sont effectuées dès l'arrivée des navires dans l'estuaire de l'Elbe, au mouillage en face la Station Sanitaire de Gröden, située à quelques kilomètres de Cuxhaven, sur la rive gauche du fleuve.

De par son organisation, Gröden participe à la fois de la station sanitaire et du lazaret. L'établissement, tout à fait isolé en pleine campagne, est entouré dans son entier d'un fossé et d'une clôture en palissades.

Le personnel de l'établissement provient des hôpitaux de l'Etat de Hambourg. Il est toujours désigné à l'avance et prêt à partir pour l'établissement aussitôt qu'il en reçoit l'ordre par le téléphone. Pendant que l'établissement n'est pas occupé par des quarantenaires, il ne s'y trouve qu'un surveillant et les hommes nécessaires pour les désinfections ordonnées à bord ou dans l'établissement par le service de contrôle sanitaire des arrivées. Ce service a à sa disposition une chaloupe à vapeur.

2º Surveillance et police sanitaire des navires et des docks. — A Hambourg, la surveillance sanitaire des navires dans le port et des docks, existe officiellement, continue, quotidienne. Mise en vigueur à l'occasion de la lutte contre le choléra en 1892, elle est restée, depuis, une institution durable consacrée, dès le printemps de 1893, par la nomination d'un médecin spécial. A ce sujet, M. le Docteur *Nocht* s'exprime ainsi : « *Pendant le séjour des navires dans le port, c'est au médecin du port qu'il appartient d'examiner tous les cas de maladie qui peuvent se présenter à bord. Tous les navires sont, de plus, visités par l'Inspecteur de Santé, au moins une fois par jour ou à des intervalles moindres. Cette mesure est surtout rigoureuse pour les navires qui ont à bord des matelots de couleur.* »

Le personnel de surveillance comprend, outre le médecin du port (directeur de la Santé chez nous) : 1 médecin assistant et 2 inspecteurs de Santé.

Le service de *Cuxhaven* est assuré par un autre médecin, quelquefois par deux.

Trois canots à vapeur sont affectés à la visite des navires : un à Cuxhaven (déjà mentionné), deux à Hambourg. Un quatrième plus important est affecté au service de la dératisation.

3º Défense contre les rats. — Un des moyens employés dans le port de Hambourg pour la destruction des rats est le suivant : sur les propositions du médecin du port, on a construit un appareil placé sur un remorqueur dit « *Le Désinfector* » que l'on accoste au navire à traiter, appareil destiné à la production d'un mélange d'oxyde de carbone et d'acide carbonique en quantités telles qu'il n'est ni explosible ni inflammable. La formule de ce gaz est : 79 Hz + 21 (co² + co).

Il faut, en moyenne, une douzaine d'heures pour faire pénétrer le gaz dans un navire. Puis on laisse ce gaz pendant *quatre* heures à l'intérieur des locaux. Enfin, *deux heures* sont encore nécessaires pour chasser le gaz par l'air.

L'emploi de ce procédé qui, il faut en convenir, donne d'excellents résultats au point de vue de la destruction des rats, présente de sérieux dangers pour l'entourage, ce gaz étant inodore, et occasionne une perte de temps notable pour l'armement par suite de la durée des opérations.

4° *Surveillance des émigrants*. — Contrôlés une première fois dans les stations sanitaires disposées en divers endroits de la frontière, tous les émigrants qui viennent de l'Est sont visités une deuxième fois à Ruhleben, près de Spandau, où ils sont tous dirigés, avant leur accès à Hambourg.

Dès 1891, un Etablissement avait été créé pour les recevoir et les garder jusqu'à leur embarquement. Périodiquement agrandi, modifié, amélioré jusqu'à 1901, il fut transféré, à cette date, du quai d'Amérique au Wedel, et là, complètement bâti à neuf, partie aux frais de l'Etat, partie aux frais de la Compagnie Hambourg-Amerika ; il est administré par la Hambourg Amerika, sous le contrôle de l'Etat et peut héberger jusqu'à 1.000 émigrants à la fois.

L'Etablissement est, en dehors de son importance sanitaire, une institution de bienfaisance sociale. Les gens y sont traités beaucoup mieux et à meilleur marché que dans les établissements privés de la ville et « avant tout, dit le docteur Nocht, sont retirés des mains d'individus sans scrupules qui, sous les noms de placiers, changeurs, guides, commissionnaires, etc., ne songent qu'à les exploiter. » Ils sont ainsi mis complètement à l'abri du pillage.

Quel bel exemple à suivre pour Marseille !

Mais hélas ! on ne peut jamais faire bien sans se heurter à des intérêts personnels !

A ce sujet, mon honoré et regretté confrère, M. le docteur J. Dupuy, ex-directeur de la Santé à Marseille, alors directeur de la Santé à Saint-Nazaire, dans un article publié dans la *Revue d'Hygiène*, de MM. les docteurs Chantemesse, Chassevant et Borel (année 1907), rendant compte des impressions recueillies, grâce à l'extrême obligeance du docteur Nocht, sur le fonctionnement du Service sanitaire à Hambourg, par M. le docteur Durand, médecin de la Santé à Saint-Nazaire, au cours d'un voyage qu'il fit en Allemagne, s'exprime ainsi :

Il est édifiant de comparer cette dernière considération avec le passage des communications de MM. Chantemesse et Borel à l'Académie de médecine, où il était dit qu'un philanthrope, ému des conditions dans lesquelles les émigrants passent à Marseille, avait pris la généreuse initiative de l'organisation d'un refuge spécial et dont la bonne volonté dut rétrocéder devant les démarches des hôteliers lésés.

Nous n'insisterons pas sur cette question, exposant dans le cours de cet ouvrage, l'utilité qu'il y aurait d'avoir un vaste hôtel d'émigrants proche d'une Station sanitaire dont la réalisation à Marseille paraît urgente en raison de l'état défectueux des bâtiments du Frioul.

Cette idée d'une station sanitaire n'est pas nouvelle.

Dès 1914, la Chambre de commerce et la Direction de la Santé de Marseille en avaient étudié le principe.

5° *Institut pour l'étude des maladies tropicales et hôpitaux maritimes.* — L'Institut des maladies tropicales de Hambourg s'est développé comme annexe de l'Hôpital Saint-Paul, hôpital maritime spécial. Il est admirablement situé, dans un jardin qui domine le vieux quai en face de la rade ; les efforts de M. le docteur Nocht semblent avoir pour but de prédilection son développement. Entretenu par la ville de Hambourg et placé sous la haute direction de la Faculté de Médecine, on y étudie l'hygiène des pays tropicaux et des navires ; on y fait l'éducation spéciale des médecins qui sont envoyés aux colonies comme médecins du Gouvernement ou médecins militaires, ainsi que celle des médecins de la Marine de guerre et de la Marine du commerce.

Des places de travail disponibles sont offertes aussi à d'autres médecins qui en font la demande. L'établissement comprend : un laboratoire de bactériologie, une chambre de vivisection, une salle d'étude pour examens et préparations microscopiques, un laboratoire de chimie, une bibliothèque et, en annexe, une basse-cour très bien approvisionnée.

L'hôpital Saint-Paul est actuellement affecté exclusivement au traitement des affections internes d'origine exotique. Il comprend en tout 51 lits et est divisé en diverses sections : salles communes, salles d'isolement, salles pour officiers, etc.

L'ensemble du personnel fixe pour l'Institut des maladies tropicales se compose de 4 médecins, 2 internes et de 20 personnes dont 7 sœurs.

En récapitulant les hôpitaux qui peuvent servir au traitement des marins, aux malades arrivant par mer, aux émigrants venus pour s'embarquer, on trouve :

1° L'Hôpital Saint-Paul dont nous venons de parler ;

2° Toute une section de l'Hôpital général maritime ;

3° L'Hôpital général d'Eppendorf pour les émigrants ;

4° L'Infirmerie de l'Asile des émigrants pour ceux qui tombent malades après leur réception ;

5° Les sections d'Infirmerie de la Station sanitaire de Gröden.

Gênes. — A Gênes, le navire entre au port.

Pendant les manœuvres d'accostage, le médecin du bord et le commissaire se rendent dans une embarcation détachée du bord à la Santé du port où ils présentent patente et rapport médical.

S'il n'y a pas à bord de maladies contagieuses, le médecin de la Santé donne de suite la libre pratique sans venir à bord.

Toute communication est interdite avec la terre, comme en France, avant la décision du médecin.

S'il existait des maladies pestilentielles à bord, le navire resterait en rade après avoir avisé la Santé qui prendrait les mesures nécessitées par les circonstances.

PORTS ESPAGNOLS : Barcelone, Valence, Alicante, Almeria, Malaga. — Le navire s'amarre directement ; mais, avant toute opération, attend la visite du médecin de la Santé auquel il présente : patentes, rapport médical et malades, s'il y a lieu. En cas de maladies pestilentielles, le navire resterait en rade et le Service de la Santé en serait avisé.

Londres, Folkestone, Douvres. — Les visites des navires, en ce qui concerne le Service de Santé maritime, dépendent de la position topographique du port ; c'est-à-dire, si le port est situé sur un canal allant à la mer ou sur une rivière. A Londres, les visites se font dans la Tamise ; à Folkestone et Douvres, elles se font dans le port.

Les autorités maritimes du port de Londres ont un hôpital d'isolement sur les bords de la Tamise, plus bas que Gravesend.

New-York. — A New-York, les formalités sanitaires sont excessivement sévères.

Les passagers de toutes classes ainsi que les hommes de l'équipage sont soumis à une visite individuelle très rigoureuse en *rade*.

Les médecins exercent une surveillance toute spéciale au point de vue du Trachome ; les passagers atteints de cette affection sont impitoyablement éliminés.

Lorsque le navire est autorisé à rentrer, une *seconde* visite a lieu à quai.

PORTS BRESILIENS : Rio-de-Janeiro, Santos. — L'immigration brésilienne exige à bord des navires transportant des émigrants trois cahiers médicaux particuliers :

1° Un livre de clinique où doivent être décrits tous les cas traités pendant le voyage ;

2° Un livre de prescriptions médicales sur lequel est consigné le traitement journalier des malades ;

3° Un livre de pharmacie avec la nomenclature des médicaments dont dispose la pharmacie du bord. Ces livres, dont chaque feuillet doit être numéroté et paraphé par le Consul brésilien, doit, en outre, à chaque voyage, être présenté avant le départ au Consulat brésilien de **Gênes** qui y appose son visa.

Dans ces ports brésiliens, les navires doivent rester en rade et y attendre les médecins de la Santé qui prennent connaissance des livres dont nous avons parlé plus haut et des patentes.

Tous les passagers à destination de ces ports sont examinés individuellement : l'examen porte particulièrement sur les yeux (trachome) et sur la vaccination anti-variolique. Tous doivent montrer des traces de vaccination récente, sinon ils sont revaccinés de suite. Une liste complète de tous les passagers se trouvant à bord (à débarquer ou en transit) doit être fournie et il est procédé à l'appel pointé en leur présence.

Tout l'équipage doit de même défiler devant les médecins de la Santé.

Toutes ces formalités demandent beaucoup de temps quand on

songe que le nombre des personnes à bord dépasse souvent 1.500 et que *personne n'est dispensé de la présentation aux médecins.*

A noter l'appréhension des médecins brésiliens pour la *grippe* qui a fait, chez eux, de grands ravages, il y a quelques années ; aussi, toutes les affections pulmonaires qui sont présentées par les médecins naviguant sont-elles diagnostiquées : *Grippe.*

S'il y a à bord deux ou trois malades atteints de bronchite, l'accès des quais est souvent refusé.

Les opérations des navires doivent s'effectuer en rade et les passagers de 3° classe sont mis deux ou trois jours en observation dans une île de Rio.

Les médecins de la Santé à Rio et Santos disposent d'un nombreux personnel spécialisé et d'un matériel (vedettes à vapeur non seulement confortables mais luxueuses).

Quand une quarantaine est imposée, le navire doit se rendre à *Isla-Grande* à 60 milles de Rio et à 150 milles de Santos.

PORT URUGAYEN. — **Montevideo.** — L'Urugay n'accepte pas les émigrants.

Les formalités d'arraisonnement y sont rapides et faciles.

Un règlement particulier porté à la connaissance des médecins naviguants prescrit aux navires ayant eu pendant leur leur traversée ou ayant à bord des maladies pestilentielles, de mouiller devant l'île de Florès, à 15 milles de *Montevideo* pour y être arraisonnés.

Dans tous les autres cas de maladies contagieuses, les navires doivent mouiller en rade de Montevideo. S'il n'y a pas de maladies contagieuses à bord, le navire entre dans l'avant-port et y attend la Santé. Les médecins examinent les malades en traitement et prennent connaissance des livres médicaux exigés par le Brésil, du rapport du médecin du bord et des patentes.

Les quarantaines se font à l'île de Florès.

PORT ARGENTIN : Buenos-Ayres. — En raison de la majeure partie des émigrants dont la plupart sont destinés à faire souche dans le pays, les mesures sanitaires sont excessivement sévères ; aussi sont-ils soumis à une double visite : d'abord celle des médecins de la Santé du port de Buenos-Ayres ; ensuite celle des médecins du service de l'Immigration argentine (importante organisation de l'Etat).

Visite des médecins de la Santé du port de Buenos-Ayres. — Afin de gagner du temps, la Commission de la Santé vient attendre les navires à Montevidéo et les formalités longues et minutieuses s'accomplissent durant la montée du *Rio-de-la-Plata* qui dure en moyenne huit heures. Après examen des livres médicaux, il est procédé à la visite de toutes les personnes qui se trouvent à bord, *sans aucune exception.*

Les listes des passagers et de l'équipage sont pointées exactement pendant le défilé des passagers, des officiers et de l'équipage.

Tous doivent montrer des traces de vaccination anti-variolique récentes et subir un examen très attentif des yeux. Les hommes doivent avoir les cheveux coupés ras et ceux des femmes lavés au pétrole ; ces dernières doivent se présenter : tête découverte.

La désinfection du linge sale des émigrants par l'étuve à vapeur sous pression est exigée.

Les locaux de 3e classe sont aussi désinfectés.

Ce n'est qu'après l'accomplissement de ces formalités que la libre pratique est accordée. Assez souvent même, les navires sont soumis en grande rade de *Buenos-Ayres* à une observation de *quatre à cinq* jours.

Visite des médecins de l'immigration. — Tous les navires à passagers entrant au port de Buenos-Ayres accostent le même quai où est construite une sorte de gare maritime et où se trouvent les services de douanes, bagages, etc. Là, débarquent tous les passagers. Ce n'est qu'après que les navires gagnent le bassin où ils iront s'amarrer définitivement pour leurs opérations commerciales.

A proximité de cette gare maritime est construit l'hôtel de l'immigration où passent directement les immigrants sans autre contact avec la ville et après avoir subi la visite des médecins de l'immigration. Les émigrants refusés sont consignés à bord et doivent verser une somme importante qui ne sera remboursée que lorsqu'ils auront été présentés au retour au Consul argentin à Marseille.

A remarquer qu'en Argentine comme du reste au Brésil de fortes amendes sont imposées aux compagnies quand des émigrants sont refusés par les médecins pour : mauvais état général, trachome, etc.

Ces décisions prises par les médecins de l'immigration sont et demeurent sans appel.

NOTA. — *Ces renseignements très complets sur le service sanitaire maritime dans les ports brésiliens m'ont été fournis par mon honorable confrère M. le docteur H. Poisson, médecin sanitaire maritime à bord du paquebot* Plata *de la Compagnie des Transports Maritimes, auquel j'adresse tous mes remerciements.*

Las Palmas. — A Las Palmas les formalités d'arraisonnement sont des plus simples.

Le médecin du bord va rendre compte à la Santé de l'état sanitaire du bord.

La libre pratique est immédiatement accordée sans que le médecin de la Santé monte à bord sauf le cas de maladies pestilentielles.

Dakar, Sénégal. — A Dakar, un médecin militaire vient à bord quand le navire est accosté ; il prend connaissance des patentes, rapports, etc ; et donne la libre pratique s'il n'y a aucun malade suspect à bord.

Kobé. — Le navire mouille à la station quarantenaire.

Quatre officiers (deux du port et deux médecins) montent à bord, établissent les réponses à un questionnaire, passent une visite générale et s'il n'y a rien de suspest, le navire est autorisé à aller s'amarrer dans le port.

Yokohama. — Mêmes formalités qu'à Kobé. Pendant le séjour du navire à Yokohama un officier sanitaire vient fréquemment s'informer s'il n'y a rien de suspect à bord.

En Egypte. — Les arraisonnements des navires se font en rade dans tous les ports égyptiens.

Il y a un lazaret à Port-Saïd ainsi qu'à Suez.

Alexandrie. — A Alexandrie, l'arraisonnement a lieu dans l'avant-port.

Le médecin du service quarantenaire monte à bord et établit avec son confrère le questionnaire (modèle ci-après).

Si la patente est nette et s'il n'y a pas à bord de cas suspects, la libre pratique est immédiatement accordée. En cas de patente brute ou si le navire vient du Levant (Beyrouth, Jaffa, etc.), la libre pratique n'est donnée qu'après visite de l'équipage, des passagers et désinfection réglementaire : arrosage avec des solutions phéniquées, étuvage du linge sale des émigrants.

Constantinople. — *Les renseignements qui suivent sur le fonctionnement du service sanitaire maritime sont dûs à l'obligeance de M. le docteur* VIDAL, *directeur du service de santé du Corps d'occupation français, auquel j'adresse tous mes remerciements.*

L'arraisonnement des navires traversant les détroits s'opère de la façon suivante : Deux cas sont à considérer :

1° Les navires provenant de la mer Noire sont arraisonnés en rade de Kavak (Haut Bosphore).

2° Les navires provenant de la mer Méditerranée sont arraisonnés en rade de Chanak, à moins que l'état de la mer ne le permette pas et dans ce cas, cette opération est pratiquée en rade de Constantinople.

L'arraisonnement n'est jamais pratiqué à quai.

Il existe deux lazarets pour les besoins du port de Constantinople : l'un situé à Monastir Aghzy (Haut Bosphore) fonctionne en principe pour les arrivages de la mer Noire, l'autre à Touzla, pour les arrivages de la mer Méditerranée ; mais ce dernier sert également, en cas de besoin, pour les arrivages de la mer Noire.

MODELE D'UNE FEUILLE D'ARRAISONNEMENT
DU SERVICE QUARANTENAIRE D'EGYPTE

CONSEIL SANITAIRE, MARITIME ET QUARANTENAIRE D'EGYPTE

N° d'arrivée ....   *N° du départ* ....

Interrogatoire pour la reconnaissance sanitaire

Au parloir secret de cet Office a comparu aujourd'hui le capitaine
.... pour être interrogé et déposer sous serment la vérité, sur les
questions suivantes :

Jurez de dire la vérité. R. ....

1° D. Quels sont vos noms, prénom, patrie et qualité ?

R. ....

2° D. D'où venez-vous ?

R. ....

3° D. Où allez-vous ?

R. ....

4° D. Vous êtes-vous muni au port de départ ou dans les escales que vous
avez pu faire ensuite, d'une patente de santé ou autre document
sanitaire ?

R. ....

5° D. Quel est le nom, le pavillon et le tonnage de votre navire ?

R. ....

6° D. Quelle est la nature de votre chargement ?

R. ....

7° D. Avez-vous chargé dans des ports différents ?

R. ....

8° D. Quel jour êtes-vous parti ?

R. ....

9° D. La santé publique était-elle bonne dans le port ou les ports où vous
avez chargé ou stationné ?

R. ....

10° D. Avez-vous eu des communications en mer ?

R. ....

11° D. Quel est le nombre des hommes d'équipage et celui des passagers
inscrits sur votre patente de santé et sur le rôle d'équipage ?

R. ....

12° D. Avez-vous le même nombre d'hommes que vous aviez au départ
et sont-ce les mêmes hommes ?

R. ....

13° D. Avez-vous eu, pendant votre séjour, pendant la traversée, des
malades à bord ? En avez-vous actuellement ?

R. ....

14° D. Est-il mort quelqu'un de votre équipage ou des passagers pendant
votre séjour, soit à bord, soit à terre ou pendant la traversée ?

R. ....

15° D. A qui sont consignés le navire et son chargement ?

R. ....

Heure de la mise en pratique ....

Fait à .... le .... 192 ....

MODELE D'UNE PATENTE AMERICAINE

THE UNITED STATES OF AMERICA
PORT SANITARY STATEMENT
U. S. PUBLIC HEALTH SERVICE

Port of ....

Vessel ....

Bound from ...:..................... *to* ....

Number of cases of and deaths the following-named diseases reported during the two weeks ending .... 19 ....

DISEAS	NUMBER OF CASES	NUMBER OF DEATHS	REMARKS
Cerebro-spinal Meningitis (épidémie)....	....	....	....
Cholera Asiatic......	....	....	....
Diphtheria	....	....	....
Measles	....	....	....
Plague	....	....	....
Poliomyelitis	....	....	....
Scarlet Fever	....	....	....
Smallpox	....	....	....
Typhoïd Fever	....	....	....
Typhus Fever	....	....	....
Yellow Fever	....	....	....

Vessel last fumigated at .... 19 ....

Given under my hand and seal thys ......*day of* ...... 19 .....

SURGEON U S PUBLIC HEALTH SERVICE.

CHAPITRE X

SECURITE DE LA NAVIGATION

La sécurité de la navigation est réglementée par les décrets des 20 et 21 septembre 1908, portant réglement d'administration publique pour l'application de la loi du 17 avril 1907, modifié par le décret du 11 octobre 1910 et par le décret du 21 avril 1914 modifiant le réglement d'administration publique du 21 septembre 1908 sur la sécurité de la navigation et l'hygiène à bord des navires de commerce.

Prescriptions relatives à l'hygiène et à la salubrité.

LOCAUX AFFECTÉS AU PERSONNEL DU BORD ET AUX PASSAGERS. — Les locaux affectés au personnel doivent représenter au minimum un cube d'air de 3^{mc} 500 et une surface totale de 1^{m2} 50 par personne.

Les locaux affectés spécialement au couchage doivent représenter au minimum un volume de 2^{mc} 150 et une surface horizontale de 1^{m2} 15 par personne.

Les parois de tous les locaux affectés au personnel du bord doivent être recouverts d'une peinture de couleur claire ou d'un enduit lavable.

Les postes d'équipage doivent être garnis d'armoires ou de caissons en nombre égal au nombre maximum d'hommes d'équipage pouvant être logés dans le poste. Ils doivent être munis de sièges et de tables pouvant donner place aux deux tiers de l'effectif pour lequel il a été prévu.

Chaque homme d'équipage doit avoir à son usage exclusif soit un hamac soit une couchette.

Des locaux séparés ayant leur accès distinct sont réservés aux groupe d'hommes de l'équipage d'origine africaine ou asiatique. Ils doivent contenir les moyens de couchage en usage dans les pays d'origine.

Les locaux réservés à l'équipage doivent être pourvus, si l'époque de l'année ou les zones maritimes le comportent, d'appareils de chauffage qui ne peuvent, en aucun cas, être à combustion *lente*.

Les différents locaux doivent être éclairés ; de jour, par des hublots latéraux ou des verres prismatiques de pont, par des sabords ou des claires voies ; l'éclairage de nuit doit être assuré au moyen d'un nombre suffisant d'appareils d'éclairage fixes.

Tous les locaux distincts affectés à l'habitation de l'équipage doivent être pourvus de deux manches à air au moins placées aux deux extrémités du compartiment et destinées l'une à aspirer l'air frais, l'autre à évacuer l'air vicié. La manche à air d'évacuation peut être remplacée par un ou plusieurs champignons.

Dans les cabines où l'aération se fait par des hublots, des papillons doivent être installés au milieu du panneau supérieur de la porte.

Dans deux des angles du poste de l'équipage, il doit être disposé deux dalots ou conduits servant à l'écoulement des eaux. Les bouteilles et poulaines doivent être placées dans les parties supérieures du navire ; elles doivent être construites et disposées de façon à éviter les mauvaises odeurs. Elles doivent être pourvues de chasses d'eau.

Lorsque le personnel de la machine comprend plus de *dix* hommes, indépendamment des officiers, un local spécial pourvu d'un robinet distributeur d'eau douce est affecté aux soins de propreté de ce personnel.

Des locaux analogues sont affectés sur les navires à vapeur aux soins de propreté du personnel du pont et des agents de service lorsque l'effectif de chacune de ces deux catégories dépasse *quinze*.

Les objets de couchage fournis par l'armement doivent être désinfectés une fois par an au moins.

Les navires doivent être approvisionnés d'eau potable.

Les récipients à eau douce doivent être revêtus à l'intérieur d'un enduit : ciment ou autre ; ils doivent être munis d'un tuyau d'air disposé de façon à ne pas permettre l'introduction de corps étrangers ; d'un bouchon de vidange et d'une ouverture assez large pour qu'un homme puisse s'y introduire en vue de leur nettoyage et de leur visite. Cette ouverture est disposée de façon à pouvoir être hermétiquement fermée dans l'intervalle des visites.

Les caisses à eau douce sont placées, autant que possible, dans la cale et sur-élevées au-dessus du vaigrage. Elles doivent être munies d'un tuyau de sonde. Une sonde est placée au voisinage du dit tuyau. Une pompe reliée à un tuyautage spécial est exclusivement affectée à la manutention de l'eau. Les joints de ces tuyaux et des caisses ne doivent jamais être faits avec des composés du plomb. Les récipients d'eau douce doivent être nettoyés à fond au moins tous les trois mois ou à la suite de l'apparition d'une épidémie attribuable à l'eau du bord.

Les navires à vapeur et les navires à voiles, pourvus d'une chaudière, qui sont armés au long cours et dont l'effectif équipage et passagers dépasse *trente* personnes doivent être munis d'un appareil à distiller l'eau de mer.

Hôpital. — Sur tout navire destiné à effectuer des traversées de plus de 48 heures et devant embarquer plus de *cent* personnes, y compris le personnel du bord, il doit être installé un hôpital.

Cet hôpital est placé dans un endroit convenablement éclairé et aéré, soit sur le pont, soit dans le premier entrepont ; il est isolé le plus complètement possible des locaux occupés par l'équipage et par les passagers.

L'hôpital doit être divisé en deux compartiments affectés : l'un aux hommes, l'autres aux femmes. Il est exigé *un* lit par *quarante* personnes embarquées jusqu'à concurrence de *deux* cents personnes. A partir de ce chiffre il est prévu un lit par *soixante* personnes en plus.

A l'hôpital doivent être annexés :

1° Une pharmacie pouvant servir d'une salle d'opération et ayant des dimensions suffisantes pour recevoir un lit articulé du modèle ordinaire et pour permettre la circulation autour de ce lit ;

2° Une salle de bains ;

3° Des lieux d'aisances ;

4° Une chambre d'isolement comprenant le quart des lits d'hôpital imposés avec salle de bains et lieux d'aisances n'ayant pas communication avec la salle de bains et les lieux d'aisances du dit hôpital.

Le cube d'air des hôpitaux doit représenter au minimum *quatre* mètres cubes pour chaque personne pouvant y prendre place. Les couchettes doivent être en métal : peint, verni ou galvanisé ; elles doivent avoir au minimum 1 m. 83 de longueur et 60 centimètres de largeur intérieure et être disposées de telle sorte que leur plus grande dimension soit placée en bordure d'un passage ayant une largeur au moins égale à un mètre.

Tant dans l'hôpital que dans les entreponts quelques lits ayant une largeur de 80 centimètres doivent être réservés aux femmes enceintes ou en couches.

PHARMACIE. — Tout navire doit être pourvu d'un matériel médical et pharmaceutique.

Lorsqu'il existe un local affecté à la pharmacie, les médicaments toxiques sont renfermés dans une armoire spéciale fermant à clef dite : (*armoire aux poisons*). Si le navire ne comporte pas de pharmacie, les médicaments *toxiques* sont enfermés dans un coffre spécial ou dans un compartiment du coffre réglementaire distinct et fermant à clef. Les appareils, ustensiles et instruments de chirurgie doivent être disposés dans des armoires ou caisses spéciales distinctes de celles qui contiennent les médicaments. La liste de tous les médicaments, objets ou ustensibles contenus dans un coffre ou une armoire doit être inscrite sur le fond du couvercle ou sur la porte de l'armoire.

Tout navire doit être muni d'une instruction médicale et ceux auxquels s'applique un coffre n° 3 (ancien coffre n° 4) doit avoir à bord un codex français.

Aux termes du décret du 10 avril 1909, il avait été institué *quatre* coffres à médicaments dénommés coffre n° 1, 2, 3 et 4 ; aujourd'hui ces coffres, conformément au décret du 4 juillet 1914, se répartissent de la façon suivante :

Boîte de secours : coffre n° 1 ; coffre n° 2 ; coffre n° 3, et sont applicables aux navires suivants les tableaux suivants :

TABLEAU A

NAVIRES NAVIGUANT (*sans médecin*)

1° Navires dont les traversées ne dépassent jamais quelques heures. — *1 Boîte de Secours*

2° Navires naviguant au cabotage national ou international *dans* les mers d'Europe.

Voiliers — jusqu'à 10 personnes : *1 Coffre n° 1* ; plus de 10 personnes : *1 Coffre n° 2*

Navires à propulsion mécanique — *1 Coffre n° 2*

Nombre de Personnes embarquées

3° Navires naviguant au long cours ou au cabotage international *hors* des mers d'Europe.

	de 1 à 30	de 31 à 60	au-dessus de 61
Moins de 6 mois	*1 Coffre n° 2*	*2 Coffres n° 2*	*3 Coffres n° 2*
de 6 à 12 mois	*2 Coffres n° 2*	*3 Coffres n° 2*	*4 Coffres n° 2*

4° Navires naviguant à la pêche hauturière ou aux grandes pêches.

Voiliers

jusqu'à 16 personnes. *1 Boîte de Secours*

plus de 16 personnes

Mer du Nord / Manche / Golfe de Gascogne / Méditerranée — *1 Coffre n° 1*

Terre Neuve / Islande / Maroc / Cotes Occid. d'Afrique — *2 Coffres n° 2*

Navires à propulsion mécanique

Hors d'Europe — *1 Coffre n° 2*

Terre Neuve / Islande / Maroc / Cotes Occid. d'Afrique — *2 Coffres n° 2*

Tableau B

NAVIRES NAVIGUANT *(avec un médecin)*

VOILIERS ET NAVIRES A PROPULSION MÉCANIQUE

Nombre de Personnes embarquées

Durée		jusqu'à 750	de 751 à 1500	de 1501 à 3000
	moins de 3 mois	1 Coffre n° 3	2 Coffres n° 3	3 Coffres n° 3
	de 3 mois à 6 mois	2 Coffres n° 3	3 Coffres n° 3	4 Coffres n° 3

Quant à la nomenclature de la composition des coffres à médicaments, elle se trouve annexée au décret du 4 juillet 1914, cité plus haut.

APPAREIL A DÉSINFECTER. — Tout navire destiné à naviguer au long cours ou au cabotage national ou international effectuant des traversées d'une durée normale de plus de *quarante-huit* heures et devant embarquer plus de *cent* personnes, doit être pourvu d'un appareil à désinfecter conforme à un modèle approuvé par le Conseil supérieur de la Santé de la marine. Cet appareil doit être de dimension suffisante pour permettre de désinfecter les objets de literie.

PERMIS DE NAVIGATION. — Aux termes des réglements en vigueur les navires sont soumis à trois genres de visites ainsi dénommées : visite *initiale* ou de mise en service ; visite *annuelle* et visite de *partance ;* à la suite desquelles les permis de navigation leur sont délivrés.

Visite initiale. — La Commission chargée de la visite initiale est composée de la façon suivante :

L'administrateur, l'inspecteur, 2 capitaines, 1 mécanicien, 1 ingénieur, 1 agent des compagnies d'assurances maritimes, 1 expert du Veritas, 1 docteur, 1 représentant de l'armement, 1 représentant le personnel du pont, 1 représentant le personnel machines.

Visite annuelle. — La Commission chargée de la visite annuelle se compose comme suit :

1 administrateur, 1 inspecteur, 1 capitaine, 1 mécanicien, remplacé par un 2° capitaine pour les voiliers), 1 docteur chargé de la visite du coffre à médicaments.

Visite de partance. — Quant à la visite de partance elle est faite sous le couvert de MM. les inspecteurs.

A *Marseille* sont attachés sous la direction de M. *Bernard*, administrateur chef du quartier maritime à Marseille :

1 Administrateur chargé du service de la sécurité : M. *Calen*, 8 Inspecteurs de la navigation, 1 Secrétaire attaché au service de la sécurité.

CHAPITRE XI

MÉDECINS SANITAIRES MARITIMES

Aux termes de l'article 137 paragraphe 1° du réglement du 26 novembre 1921, tout bâtiment à vapeur français affecté au service postal ou au transport d'au moins *cent* voyageurs, qui fait un voyage dont la durée, escales comprises, dépasse *quarante-huit heures* depuis *le départ* jusqu'au *retour* dans le port d'armement ou qui ayant au moins SOIXANTE PERSONNES à bord (passagers et équipage) fait une traversée de plus de *huit* jours, depuis le *départ* jusqu'au *retour* dans le port d'armement est tenu d'avoir à bord un médecin sanitaire maritime. MAIS, *par dépêche ministérielle en date du 25 janvier 1923, le Ministre a décidé de* SUSPENDRE *en fait l'application des dispositions du paragraphe 1° du dit article 137 du décret du 26 novembre 1921, portant réglement de police sanitaire maritime.*

PROVISOIREMENT *et en attendant de nouvelles instructions l'application du paragraphe 1° de l'article 137 est suspendue ; mais, il est entendu que les dispositions du paragraphe 10 de l'article 15 du décret du 4 janvier 1896 sont seules applicables jusqu'à ce que un nouveau texte ait été arrêté et promulgué.*

Les médecins sanitaires maritimes, institués par décret du 8 décembre 1896, doivent être français et pourvus du diplôme de Docteur en médecine. Ils ne peuvent rester en fonctions au-delà de *soixante-cinq* ans. (Le décret de 1896 ne fixait pas de limite d'âge.) Les médecins sanitaires maritimes sont choisis sur un tableau dressé par le Ministre de l'Hygiène, de l'Assistance et de la Prévoyance sociales après examen passé devant un jury qui est désigné par le Ministre.

Ce jury se compose :

Du Directeur de la Santé, d'un professeur d'hygiène, d'un médecin épidémiologiste, d'un médecin bactériologiste.

L'examen porte sur la bactériologie, l'épidémiologie, la prophylaxie et la réglementation sanitaire et leurs applications pratiques.

Les conditions et les époques de l'examen sont arrêtées par le Ministre de l'Hygiène, de l'Assistance et de la Prévoyance sociales.

A la suite de cet examen, il est délivré aux candidats, s'ils sont agréés par le ministre de l'Hygiène, un certificat d'aptitudes aux fonctions de médecin sanitaire maritime.

Chaque année, dans le courant du mois de janvier, il est procédé à la révision du tableau dressé par le Ministre.

Sont seuls portés en tête d ce tableau, pour former une catégorie distincte, les médecins qui ont fait à bord des navires un séjour représentant une moyenne d'au moins *un mois* de navigation *par an* depuis leur inscription. Le titre de *médecin sanitaire maritime* est essentiellement lié à l'exercice des fonctions sanitaires sur les navires et ne peut être porté par les inscrits qu'autant qu'ils remplissent *effectivement* ces fonctions ou qu'ils figurent sur la *première partie* de la liste spécifiée ci-dessus.

Sont seuls portés en tête de ce tableau, pour former une catégorie médecins aptes à remplir les fonctions de médecins sanitaires maritimes, les docteurs en médecine français qui ont obtenu le diplôme des instituts de médecine coloniale de Paris, Bordeaux ou Marseille, sous condition de justifier qu'ils ont subi d'une manière satisfaisante une interrogation complémentaire portant spécialement sur les lois et réglements applicables à la police sanitaire maritime.

Le Ministre de l'Hygiène, de l'Assistance et de la Prévoyance sociales désigne les personnes chargées de procéder à cette interrogation en qualité soit de membres du jury, soit d'adjoints délégués.

Sont également *dispensés* de l'examen pour être inscrits au tableau des médecins sanitaires maritimes, les médecins de la marine et les médecins des colonies ayant exercé leurs fonctions pendant cinq années au moins.

Ces médecins peuvent être inscrits au tableau sur la présentation des Directeurs de la Santé.

En vue de l'établissement du tableau annuel, il est tenu au siège de chacune des circonscriptions sanitaires maritimes un registre spécial indiquant les noms et prénoms des médecins, la date exacte de leur embarquement, les noms des navires et la nature des voyages effectués.

Les médecins sanitaires maritimes doivent se présenter, *tant au départ qu'à l'arrivée*, aux directeurs des circonscriptions sanitaires maritimes et apposer leur signature sur le registre ci-dessus prescrit en regard des renseignements concernant leur voyage. (article 143).

Un extrait récapitulatif de ce registre est adressé au Ministre dans les premiers jours du mois de janvier, faisant connaître pour chaque médecin la date de la décision ministérielle qui a autorisé son inscription au tableau et le nombre total des mois de navigation accomplis depuis lors. Cet envoi est accompagné, s'il y a lieu, des observations ou propositions des directeurs des circonscriptions sanitaires maritimes.

Les médecins sanitaires maritimes ont pour devoir d'user de tous les moyens que la science et l'expérience mettent à leur disposition :

1° Pour préserver le navire des maladies transmissibles ;

2° Pour empêcher ces maladies, lorsqu'elles viennent à faire apparition à bord, de se propager parmi le personnel confié à ses soins et dans les populations des divers ports touchés par les navires.

Les médecins sanitaires maritimes doivent s'opposer à l'introduction sur le navire des personnes ou des objets susceptibles de provoquer à bord une maladie contagieuse. Ils doivent faire observer à bord les règles de l'hygiène, veiller à la santé du personnel, passagers et équipage, et leur donner leurs soins en cas de maladie.

En cas d'invasion à bord d'une maladie transmissible, ils doivent prévenir immédiatement le capitaine et assurer, d'accord avec lui, les mesures de préservation nécessaires.

Les médecins sanitaires maritimes doivent inscrire, *jour par jour*, sur un registre, toutes les circonstances de nature à intéresser la santé du bord.

Ils doivent mentionner les dates d'invasion, de guérison ou de terminaison par la mort, de tous les cas de maladies transmissibles avec indication des détails essentiels que comporte la nature de chaque cas.

A chaque escale ou relâche, ils doivent consigner sur leur registre la date de l'arrivée et celle du départ, ainsi que les renseignements qu'ils ont pu recueillir sur l'état de la santé publique dans le port et ses environs.

Ils inscrivent sur le même registre les mesures prises pour l'isolement des malades, la désinfection des déjections, la destruction ou la purification des hardes, du linge et des objets de literie, la désinfection des logements ; ils indiquent la nature, les doses, le mode d'emploi des substances désinfectantes et la date de chaque opération.

Les médecins sanitaires sont tenus, à l'arrivée dans un port français de communiquer leur registre à l'autorité sanitaire.

Les déclarations des médecins sanitaires maritimes sont faites sous *la foi du serment*.

Sur les navires qui n'ont pas de médecin sanitaire les renseignements relatifs à l'état sanitaire et aux communications en mer sont recueillis par le capitaine et inscrits par lui sur son livre de bord.

La tenue des médecins sanitaires maritimes naviguants est réglementée par la circulaire du 10 mai 1922. (Tenue des officiers de la marine marchande).

A *Marseille* sont attachés aux Compagnies de Navigation :

Messageries Maritimes : 1 médecin chef (Docteur Frétel), 32 médecins naviguants.

Compagnie Générale Transatlantique : En raison de ses règlements n'a pu donner le nombre de ses médecins .

Compagnie Cyprien Fabre : 10 médecins composent en temps normal la cadre du personnel médical.

Compagnie Paquet : Actuellement 6 médecins naviguants.

Compagnie des Transports Maritimes : 9 médecins naviguants.

Compagnie de Navigation Mixte (Touache) : Actuellement 4 médecins naviguants.

Compagnie Fraissinet : La Compagnie n'a pas de médecins attachés d'une façon régulière en raison des traversées très brèves que ses navires effectuent.

CHAPITRE XII

QUELQUES NOTES SUR LE ROLE
DE LA SOCIÉTÉ DES NATIONS
AU POINT DE VUE DU SERVICE SANITAIRE MARITIME

Conférence de Varsovie du 20 au 28 mars 1922

COMMISSION DES ÉPIDÉMIES. — Le premier exemple d'un effort international coordonné de la part des services sanitaires publics officiels, en vue de combattre les épidémies en Europe a été fourni, en mars 1920, par le Conseil de la Société des Nations lorsque celui-ci demanda, à la Conférence Internationale siégant à Londres, de lui soumettre un plan détaillé de campagne contre le typhus en Pologne, en collaboration étroite avec les représentants du Service sanitaire polonais. A la suite de cette conférence, des appels successifs furent adressés par le Conseil à tous les Gouvernements en vue d'obtenir des fonds et une *Commission des épidémies* fut nommée pour administrer ceux-ci.

Le but de la Commission des épidémies fut de constituer en Europe Orientale un système permanent de défense sanitaire le long de la zone frontière entre la Pologne et la Russie.

Avant le 1ᵉʳ septembre 1921, la Commission des épidémies était le seul organe sanitaire de la Société des Nations. A cette date, après des négociations prolongées, la deuxième assemblée établit une organisation sanitaire de la Société des Nations dont la *section d'hygiène* du secrétariat permanent constitua l'organe exécutif. La Commission des épidémies devint alors une des divisions actives de l'organisation d'hygiène de la Société.

Pendant le mois de janvier de nombreuses informations reçues par la section d'hygiène permirent d'établir que la situation en Europe orientale empirait rapidement. La famine en Russie prenait une extension nouvelle ; et, avec elle, les épidémies, vis-à-vis desquelles la défense sanitaire organisée en Pologne, se trouva encore une fois être insuffisante. Le Secrétariat de la Société des Nations fit parvenir alors à tous les Etats membres de la Société un rapport sur la situation sanitaire en Europe Orientale où il signala le danger.

CONVOCATION DE LA CONFÉRENCE. — Au reçu de ce rapport le Gouvernement polonais demanda au Président du Conseil de la Société des Nations de provoquer d'urgence une Conférence technique européenne, en vue d'examiner la situation et les mesures qui pourraient être prises.

Le Conseil invita le Gouvernement polonais à provoquer lui-même cette Conférence ; mais mit à la disposition de ce Gouvernement les services de l'organisation technique de la Société.

Le Gouvernement polonais invita donc tous les Etats européens à se réunir à *Varsovie le* 20 *mars* 1922. Les Gouvernements suivants acceptèrent cette invitation et furent représentés à la Conférence :

Allemagne ; Autriche ; Belgique ; Bulgarie ; Danemark ; Dantzig ; Espagne ; Esthonie ; Finlande ; France ; Grande-Bretagne ; Grèce ; Hongrie ; Italie ; Japon ; Lettonie ; Lithuanie ; Norvège ; Pays-Bas ; Pologne ; Roumanie ; Russie ; Serbecroate ; Slovène ; Suède ; Suisse ; Tchéco-Slovaquie ; Turquie ; Ukraine.

Travaux de la Conférence. — Au nombre des décisions prises au cours de la Conférence de *Varsovie* (décisions qui se trouvent relatées dans le journal *Annales d'Hygiène Publique et de Médecine Légale*, numéro de juillet 1922), il ressort :

1° Que l'exécution des résolutions de la Conférence sanitaire européenne de *Varsovie* ainsi que celle des mesures qui, à l'avenir, pourraient paraître nécessaires, seront confiées à une Commission Internationale spéciale, dans laquelle tous les Etats devront être représentés avec des droits égaux ;

2° Que l'exécution des résolutions prises par la dite Conférence est confiée à l'organisation d'Hygiène de la *Société des Nations* ;

3° Que le professeur *Otto* (Allemagne) insiste sur la nécessité de lutter contre la famine en Russie et en Ukraine, la famine étant une des causes principales des épidémies de typhus ;

4° Que la Conférence décide à l'unanimité d'établir une procédure de médiation en cas de divergence d'opinions sur l'interprétation et l'application des conventions admises par les différents Etats et recommande que cette médiation soit confiée à l'organisation d'Hygiène de la *Société des Nations* ;

5° Que la Conférence déclare, à maintes reprises, qu'il ne sera possible de mettre en pratique un plan de reconstruction économique de l'Europe orientale et par conséquent de l'Europe toute entière, que lorsqu'on aura pris des mesures effectives pour lutter contre les épidémies ;

6° Que la Conférence émet le vœu qu'aux maladies énumérées dans la Convention de Paris (*choléra, peste* et *fièvre jaune*), soient ajoutés le *typhus exanthématique* et la *fièvre récurrente* et que ces dispositions pourront être étendues, par voie diplomatique, à d'autres maladies infectieuses et, en particulier, à la variole ;

7° Qu'au sujet de l'isolement des malades et des personnes suspectes, une mise en observation ne dut pas durer moins de *huit* jours s'il s'agit d'une fièvre récurrente et de *quatorze* jours, s'il s'agit du typhus exanthématique ou, le cas échéant, de variole.

Et pour le choléra et la peste, de s'en tenir aux dispositions de la Convention de Paris.

CHAPITRE XIII

CONSEILS A SUIVRE. PRÉCAUTIONS A PRENDRE PAR LES AGENTS SANITAIRES EN CONTACT AVEC LES MALADES ATTEINTS DE : CHOLÉRA, PESTE, FIÈVRE JAUNE, TYPHUS EXANTHÉMATIQUE

Choléra Asiatique

Tout malade qui présente, sur un navire quelconque et particulièrement sur un navire provenant d'un pays contaminé ou suspect de choléra, de la diarrhée ou des vomissements, doit être considéré comme *suspect*.

Le choléra asiatique est dû au bacille virgule ou vibrion cholérique. La contagion se fait par l'injestion des vibrions qu'on rencontre principalement dans les selles, mais aussi dans toutes les déjections (vomissements, urines des cholériques.)

La contagion est directe par contact avec les malades ; indirecte par manipulation des objets qu'ils ont souillés. Des individus, en apparence sains, peuvent transporter des germes cholériques ; ce sont les plus dangereux, parce qu'ils sont les plus difficiles à dépister.

Les objets souillés par les malades sont : le linge, les vêtements, la literie, les récipients et ustensiles de cuisine, les planchers et cloisons des locaux où ils sont couchés, etc.

L'eau de boisson, le lait, les légumes et les fruits qui ont pu être en contact avec des déjections véhiculent des vibrions cholériques. Les mouches et tous les insectes, hôtes habituels des cabines des navires, peuvent également transporter des germes. Le choléra, sur un navire, pourra être apporté par les malades et les porteurs sains de germes, par tous les objets souillés avant et pendant la traversée, par l'eau potable du bord prise en pays contaminé, par certaines marchandises, aliments, fruits, légumes, etc., ayant séjourné sur un sol souillé de déjections cholériques.

L'incubation du choléra, c'est-à-dire le temps qui s'écoule entre le moment de la contagion et l'apparition des premiers symptômes de la maladie est environ de 5 à 6 heures à 5 jours.

Le choléra est une maladie redoutable, presque toujours mortelle, extrèmement contagieuse, dont la diffusion est d'une rapidité foudroyante. L'urgence et la nécessité d'une application sévère des mesures imposées aux navires en provenance des ports contaminés de choléra ne doivent pas échapper aux Agents du service sanitaire maritime.

Les mesures contre le choléra ne pouvant être prises en toute sécurité que dans les grands ports, les Agents sanitaires devront toujours faire connaître à leur Direction les conditions d'arrivée des navires avec *patente brute* de choléra et des navires avec *patente nette* provenant des ports qui leur auront été signalés comme contaminés ou suspects de choléra.

Ces navires seront laissés sur rade, sans aucune communication avec la terre, en attendant des instructions qui pourront varier suivant les cas.

Au cas où un navire aurait à bord des malades atteints ou suspects de choléra, les précautions suivantes sont à retenir en attendant l'intervention du médecin appelé *d'urgence*.

Les Agents sanitaires s'assureront de l'isolement rigoureux des malades et donneront à ceux qui les entourent les conseils prophylactiques indispensables : ne laisser approcher que ceux qui s'occupent des malades dont le nombre doit être restreint (une ou deux personnes au plus).

Faire rechercher et isoler immédiatement tous ceux qui auront été en contact avec les malades au cours des derniers jours de traversée.

En cas de décès, ne laisser sortir aucun objet, aucun effet ayant servi aux morts. Recommander aux soigneurs de désinfecter souvent et rigoureusement leurs mains avec la brosse et le savon et un liquide antiseptique mis à leur disposition par le service sanitaire ; ils ne devront jamais manger dans la chambre des malades. Ils éviteront de porter leurs mains à la bouche, au nez, de se servir de leur mouchoir, de prendre leurs repas avant d'avoir désinfecté leurs mains. Ils auront soin de ne pas se servir des objets dont les malades auront fait usage. Ils devront éloigner et détruire les mouches par des projections de poudre de pyrèthre dans le local infecté. L'Etat-Major sera prié de faire consigner immédiatement l'eau du bord et de faire jeter abondamment et fréquemment de l'eau de mer et des solutions désinfectantes dans les latrines. Ils devront faire arroser les cloisons et les planchers souillés de déjections avec du *lait de chaux* ou des solutions antiseptiques fortes. Les Agents sanitaires qui approchent les malades devront être revêtus d'un ample sarrau de toile qu'ils quitteront à leur sortie des locaux infectés. Ce sarrau devra être placé dans un sac de forte toile avec lequel il sera étuvé et lessivé dès le retour à terre. Ils auront soin de se désinfecter les mains et le visage avant de quitter le bord. Ils devront veiller à ce que leurs chaussures, leur bas de pantalon et toutes les parties de leurs vêtements ne soient pas souillés par les déjections des malades.

Ces mesures devront être prises avec la plus grande discrétion pour ne pas alarmer les passagers.

Peste

La peste est une maladie grave, contagieuse, dûe *au bacille de Yersin* : ce bacille se trouve dans les ganglions, le foie, la rate, le sang des individus et des rats atteints par la maladie.

Dans la peste pneumonique, le bacille pesteux se trouve également dans les crachats du malade et dans les particules qu'il projette en toussant, en éternuant et en causant. Le personnel des navires contracte la peste au contact des rats et de leurs puces, le plus souvent en manipulant des cadavres de rats trouvés dans les cales ou dans les réduits, sous les planchers du bord.

La découverte sur un navire de nombreux rats crevés ou malades circulant avec difficulté, la diminution soudaine du nombre des rats qui pullulaient feront craindre une épizootie pesteuse.

La contagion de la peste peut également se faire d'homme à homme, par l'intermédiaire des puces.

Sur les navires, la peste est transportée par les rats et leurs puces, par toutes les marchandises et bagages qui peuvent abriter ces rongeurs, leurs cadavres et leurs parasites.

L'incubation de la peste dure en moyenne de *deux à cinq* jours.

Les mesures contre la peste, à bord des navires, se résument dans l'isolement rigoureux des malades avant leur évacuation, la mise en observation des personnes qui ont été en contact avec eux, la destruction des rats et de leurs parasites, la surveillance et la désinfection des objets ou marchandises pouvant contenir des rats et des puces.

Au cours de leur arraisonnement, les Agents du service de la Santé maritime accorderont à l'enquête concernant les rats toute l'importance qui lui est due. Ils devront interroger minutieusement les capitaines :

1° *Sur la pullulation à bord ;*

2° *Sur la disparition soudaine des rongeurs sans que des opérations de destruction aient été entreprises ;*

3° *Sur la découverte, au cours des dernières semaines, de nombreux rats crevés ou malades.*

Recommandation formelle sera faite au personnel du bord et aux passagers DE NE PAS TOUCHER AUX RATS CREVÉS OU MALADES, de ne pas s'en approcher avant d'avoir flambé les cadavres et le sol qui les environne au pétrole ou à l'alcool. Les hommes employés à la recherche des cadavres toucheront, sans les gratter, leurs piqûres de puces avec de la teinture d'iode.

Avant de s'approcher des malades, les Agents sanitaires devront revêtir un sarrau et serrer les jambes de leur pantalon dans des bandes molletières ; ils serreront également les poignets et le col de leur sarrau avec des bandes de toile ou un élastique. Si les puces pullulent autour des malades, ils insuffleront dans leurs sous-vêtements de la poudre de pyrèthre et enduiront leurs mains, leur cou et leur face d'huile camphrée à 1/10.

Lorsqu'on soupçonnera la peste pneumonique, le personnel sanitaire devra être muni de masques.

Tout navire ayant une patente brute de peste sera laissé sur rade jusqu'à l'expiration d'un délai de *cinq* jours à dater du jour de départ du pays contaminé.

Fièvre jaune

La fièvre jaune est due au *virus amaril* qui existe dans le sang des malades.

Un moustique, le *stégomya fasciata*, transmet, par sa piqûre, la fièvre jaune, du malade à l'homme sain. Les navires peuvent transporter des *stégomya* infectés.

L'incubation est, en moyenne, de *deux* à *six* jours.

Les mesures prophylactiques consistent à isoler les malades et à les protéger strictement contre les *stégomya* qu'ils infecteraient. Tous les locaux du bord seront abrités des moustiques et sulfurés.

Typhus exanthématique

Le germe du typhus n'est pas connu ; l'agent de transmission est le *pou du corps*, dont l'encombrement et la misère favorisent la pullulation chez les gens sales ou n'ayant pas la possibilité de prendre des soins de propreté. Le pou s'infecte au contact des malades et contagionne les sujets sains par sa morsure.

L'incubation du typhus est en moyenne de 8 à 12 jours, quelquefois de 5 à 20 jours.

A bord des navires, le typhus est transporté par les poux qui pullulent dans les vêtements des émigrants, hommes de troupe, pélerins entassés dans les cales et les entreponts.

Les Agents sanitaires opérant sur un bateau suspect ou infecté de typhus, devront se souvenir : *que la prophylaxie de cette affection se résume dans la lutte contre les poux.*

Les malades, s'il en existe à bord, ne seront à redouter qu'autant qu'ils n'auront pas été déparasités. Ils seront isolés et les **mêmes** précautions seront prises par le personnel de la Santé maritime que celles indiquées plus haut pour les pesteux et leurs puces.

CONCLUSIONS

L'utilité du Service Sanitaire maritime n'est pas contestable.

Depuis des siècles, une surveillance particulière a été établie, à juste raison, pour empêcher l'introduction des maladies pestilentielles exotiques, non seulement en France mais dans tous les pays d'Europe.

Si, grâce aux progrès de la science, les grandes épidémies sont moins à redouter, il n'en est pas moins vrai que de grandes précautions s'imposent encore pour empêcher l'introduction et la propagation des maladies contagieuses ; aussi, nous ne devons pas nous endormir sur les délices de Capoue et notre devoir consiste à ne pas nous relâcher dans l'application des mesures qui nous sont édictées par les règlements en vigueur.

Par les temps d'égoïsme où nous vivons, en raison de la mentalité actuelle, le public, qui n'a en vue que ses intérêts personnels et qui devrait avoir encore présent à la mémoire les ravages que fit, il y a quelques années, la grippe infectieuse (dénommée grippe espagnole), semble oublier trop facilement les dangers auxquels il est exposé et ne se soumet, en général, que de mauvaise grâce, aux mesures que la défense de la santé publique se trouve parfois dans l'obligation de lui imposer.

Dans notre étude sur le fonctionnement du Service Sanitaire maritime en France, aux Colonies et dans nombre de ports étrangers, nous avons vu que l'arraisonnement des navires et la visite médicale avaient, le plus souvent, lieu en rade.

Cette manière d'opérer facilite : 1° les opérations, en ce sens que passagers et équipages, moins impatients de débarquer que lorsque le navire est à quai, se prêtent mieux aux formalités qui leur sont imposées ; 2° le service de la Santé, qui ne se trouve pas dans l'obligation, parfois très gênante, de refuser l'accès du bord, avant que la libre pratique soit donnée, soit à des fonctionnaires, soit aux courtiers, ou aux Ship-Shandlers, etc. ; 3° Fait gagner du temps au commerce ; une grande partie de ces opérations pouvant se faire le navire continuant sa marche vers le quai qui lui est désigné.

Malheureusement, il est fâcheux de constater que, dans un port comme Marseille, où les arrivages des navires sont nombreux et où ceux qui sont astreints à la visite médicale atteignent un chiffre relativement élevé chaque année : (8 à 900 en 1912 et 1913 ; 1.822 en 1921 et 1.566 en 1922), le Service de la Santé ne soit pas outillé de façon à pouvoir aller en rade, d'une manière générale, effectuer ses opérations.

Le Service de la Santé, à Marseille, devrait avoir à sa disposition de grosses chaloupes à vapeur, voire même un remorqueur, de façon que le personnel chargé de ce service : médecins, officiers, gardes, puissent se rendre journellement à bord sans danger et presque par tous les temps.

Une autre question à envisager est celle de la désinsectisation (épouillage) des passagers émigrants et leur isolement en cas de besoin (mesures qui devraient être prises d'une façon absolue dans tous les ports avant l'embarquement et qui feraient gagner un temps précieux au moment de l'arrivée des navires en abrégeant les formalités auxquelles sont soumis les passagers émigrants.)

Dans la plupart des ports de France et de l'Etranger, fonctionnent des lazarets ou des stations sanitaires, tenus en parfait état et dans lesquels toutes les mesures prescrites par l'hygiène moderne peuvent être appliquées ; lazarets ou stations sanitaires qui sont installés, même parfois, de façon à pouvoir loger des émigrants de passage.

Nous avons bien à Marseille le lazaret du Frioul ; mais, si l'on tient compte : de son éloignement des bassins, des difficultés qui existent pour s'y rendre et y accoster les jours de mauvais temps et de l'état de délabrement de ses installations ; on est obligé de reconnaître qu'il ne répond plus aux nécessités de l'hygiène et qu'en raison de son éloignement, il n'est pas toujours aisé de l'utiliser. En effet, l'envoi d'un petit nombre d'émigrants, lorsque ces derniers se trouvent à bord d'un navire amarré à l'un des quais des bassins, en raison des gros frais qu'il occasionnerait à l'armement, crée des difficultés matérielles qu'il est parfois difficile à aplanir.

Pour remédier à cet état de choses, Directeur et Médecins de la Santé, au cours de réunions périodiques, étudient, de concert avec MM les membres de la Chambre de commerce de Marseille, la possibilité de la création d'une Station sanitaire placée du côté des nouveaux bassins.

L'utilisation du terre-plein de Mourepiane, qui se trouve à proximité de l'Hôpital colonial de Saint-Louis, sur lequel pourraient être évacués les malades atteints de maladies contagieuses et exotiques serait à envisager pour l'exécution de ce projet.

A ce niveau, se passerait la visite médicale. Les émigrants soumis à des mesures spéciales pourraient être immédiatement débarqués ; et, cela sans aucuns frais pour l'armement.

Cette Station sanitaire pourrait comprendre : une salle de visite, des salles de bains-douches, le logement d'un concierge, voire même, en cas de besoin, celui d'un officier de la Santé et une chambre de veille pour un médecin.

Les revaccinations seraient opérées, en cas de besoin.

L'épouillage des émigrants serait de règle, en cas de navires arrivant de pays contaminés de typhus.

Toutes les mesures recommandées par les lois de l'Hygiène moderne et la Prophylaxie des maladies contagieuses y seraient appliquées.

Enfin, il serait à souhaiter qu'aux environs de la dite Station sanitaire s'élevât, dans le temps le plus rapproché possible, un vaste Hôtel d'Emigrants qui pourraient les recevoir pendant leur séjour à Marseille.

Actuellement, quoique ces émigrants passent à bord des visites médicales minutieuses par les soins des médecins naviguants et par ceux des médecins de la Santé, et qu'il ne leur soit permis de débarquer et de se rendre en ville que lorsqu'ils sont porteurs d'un certificat de revaccination récente et que leur état de propreté soit reconnu, il n'en est pas moins vrai qu'ils constituent un danger pour la santé publique en se rendant dans des Hôtels dits d'Emigrants qui se trouvent en plein cœur de la ville. Certains de ces émigrants, quoique ne présentant pas au moment de la visite du médecin de la Santé des symptômes de maladies contagieuses peuvent en être cependant en incubation et, par suite, constituer un danger.

Il serait donc à souhaiter que ces émigrants puissent être tenus, le plus loin possible, de toute agglomération.

Enfin, pour terminer, quoique les mesures prises par le Service de la Santé soient, en général, mal acceptées par le public, ce n'est pas le moment où, par suite de la diminution de la Natalité, la France se dépeuple tous les jours, d'être moins sévère dans l'application des mesures qui nous sont édictées par les lois de l'Hygiène et les enseignements de la Microbiologie.

TABLE DES MATIÈRES

Imp. Marseillaise. — Marseille